INICIAÇÃO ÀS PRÁTICAS CIENTÍFICAS

Mariza Lima Gonçalves

INICIAÇÃO ÀS PRÁTICAS CIENTÍFICAS

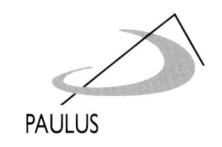

PAULUS

Direção editorial: *Claudiano Avelino dos Santos*
Coordenação editorial: *Claudenir Módolo Alves*
Assistente editorial: *Jacqueline Mendes Fontes*
Projeto gráfico e capa: *Gledson Zifssak – Kalima Editores*
Ilustração: *Cícero Soares*
Revisão técnica: *Isabel Orestes Silveira*
Revisão: *Denise Katchuian Dognini – Kalima Editores*
      Caio Pereira
Impressão e acabamento: PAULUS

Dados Internacionais de Catalogação na Publicação (CIP)
(Câmara Brasileira do Livro, SP, Brasil)

Gonçalves, Mariza Lima
   Iniciação às práticas científicas / Mariza Lima Gonçalves. – São Paulo : Paulus, 2015.

Bibliografia.
ISBN 978-85-349-4181-5

1. Pesquisa – Metodologia 2. Pesquisa – Planejamento 3. Pesquisa educacional 4. Teses 5. Trabalhos científicos – Metodologia 6. Trabalhos científicos – Normas I. Título.

15-04412   CDD – 001.42

Índices para catálogo sistemático:
1. Método científico   001.42
2. Pesquisa : Metodologia   0001.42

UNESCO
Organização das Nações Unidas para a Educação, a Ciência e a Cultura

Cátedra UNESCO "José Reis" de Divulgação Científica

1ª edição, 2015

© PAULUS – 2015
   Rua Francisco Cruz, 229 • 04117-091 • São Paulo (Brasil)
   Fax (11) 5579-3627 • Tel. (11) 5087-3700
   www.paulus.com.br • editorial@paulus.com.br

ISBN 978-85-349-4181-5

Agradecimentos

Para as pessoas que me motivam a escrever e a continuar vislumbrando um mundo melhor para todos!

1. Introdução 9
2. A importância do trabalho escolar para o estudante 10
   2.1 Trabalho escolar e pesquisa... 12
   2.2 A utilização dos verbos nos trabalhos escolares 13
   2.2 Outros temas de trabalhos escolares que podem
       ser abordados 19
3. Organizando o tempo 22
   3.1 Planejamento para um dia 24
   3.2 Planejamento para uma semana 25
   3.3 Planejamento para um mês 26
   3.4 Planejamento para um ano 27
   3.5 Listas de organização de horários 29
   3.6 Tempo *vs.* eficiência 34
4. Descobrindo os seus valores 36
   4.1 Tipos comportamentais 40
5. Organizando o trabalho escolar 44
   5.1 Diferenciar tema e assunto 44
       5.1.1 Como chegar ao tema 45
   5.2 Projetos de pesquisa 47
       5.2.1 Formas de pesquisa 47
       5.2.2 Estrutura do projeto de pesquisa 49
   5.3 Tipos de trabalho científico 51
       5.3.1 Trabalho de diferentes disciplinas 51
       5.3.2 Trabalho de iniciação científica 60
       5.3.3 Trabalho Monográfico para conclusão do Ensino Médio..... 63
       5.3.4 Trabalho de Conclusão de Curso (TCC) 63
       5.3.5 Dissertação de mestrado 64
       5.3.6 Tese de doutorado 65
   5.4 Formas de avaliação da banca examinadora 65
   5.5 Alguns termos utilizados nos trabalhos escolares 65
6. Enfrentando os desafios do trabalho escolar 74
7. Conhecendo as normas técnicas para elaboração
   do trabalho escolar 78
   7.1 Elementos pré-textuais 79
       7.1.2 Capa 80
       7.1.3 Lombada (opcional) 81
       7.1.4 Folha de rosto (obrigatório) 82
       7.1.5 Notas descritivas na folha de rosto (obrigatório) 83
       7.1.6 Verso da folha de rosto (obrigatório) 83

7.1.7 Errata (opcional) 84
7.1.8 Folha de aprovação (obrigatório) 84
7.1.9 Dedicatória (opcional) 85
7.1.10 Agradecimentos (opcional) 85
7.1.11 Epígrafe (opcional) 86
7.1.12 Resumo na língua vernácula (obrigatório) 87
7.1.13 Resumo em língua estrangeira ou *Abstract* 87
7.1.14 Lista de ilustrações, de figuras, de tabelas,
       de abreviaturas, de siglas e de símbolos (opcional) 87
7.1.15 Sumário (obrigatório) 88
7.2 Elementos textuais 88
7.2.1 Introdução 88
7.2.2 Desenvolvimento 90
7.2.3 Conclusão 96
7.3 Elementos pós-textuais 97
7.3.1 Referências (obrigatório) 97
7.3.2 Glossário (opcional) 97
7.3.3 Apêndice 98
7.3.4 Anexo(s) (opcional) 98
7.4 Formatação 98

8. Eliminando maus hábitos 100
9. Contemplando o resultado 104
10. Dono do próprio conhecimento 106
11. Momento da apresentação do trabalho – enfrentando a banca examinadora 112

11.1 Itens importantes em uma apresentação 115
11.1.1 Respiração 115
11.1.2 Voz 115
11.1.3 Cacoetes da fala 116
11.1.4 Linguagem 120
11.1.5 Expressão Corporal 121
11.1.6 Saber ouvir 124
11.1.7 Assertividade 125
11.1.8 Boas maneiras são bem-vindas 126
11.1.9 Vestuário 127
11.1.10 Dia da apresentação 129

12. Glossário 130
13. Siglas 137
Referências 138

1. Introdução

O trabalho escolar precisa ser feito. Quem o fará? Será em grupo, dupla, sozinho? Sempre o mesmo problema. As palavras se acumulam: trabalho e problema. Ambas indicam a dimensão do que se tem pela frente.

Por onde começar? A quem pedir ajuda? Que informações são importantes? Os prazos são suficientes? Para algumas pessoas, os prazos sempre parecem insuficientes, principalmente quando a data de entrega se aproxima.

Do mais simples ao mais complexo (complexo? O que vem a ser isso?), todo trabalho depende de alguns itens para a sua execução, mas que itens seriam esses?

Os estudantes sempre têm muitas perguntas quando se trata da execução de trabalhos, e as respostas nem sempre aparecem de imediato e de forma a solucionar as indagações.

Esta é a proposta deste livro!

Não se tem a pretensão de desvendar o universo dos trabalhos escolares, mas servir de amparo e auxílio em questões que podem ser aparentemente simples, mas que consomem horas em sua confecção.

O caminho da pesquisa escolar vai crescendo à medida que o estudante avança nos estudos, muda a etapa de aprendizado até que acabe sendo o dono do seu próprio saber, traçando as linhas do seu raciocínio e de suas descobertas. E quando isso acontece? Quando compreende o assunto, o assimila e se motiva a seguir pelos caminhos do conhecimento.

A proposta é facilitar a execução de trabalhos, de sua confecção, às questões emocionais que os envolvem, dos conflitos dos grupos ao momento da apresentação.

Ao longo do livro há palavras com grifo, cujo significado encontra-se no Glossário.

Então, vamos lá!

2. A importância do trabalho escolar para o estudante

O trabalho escolar[1] é de extrema importância para o desenvolvimento do estudante, pois por detrás do tema solicitado há uma variedade de ações que, muitas vezes, podem passar despercebidas, como organização de horário, métodos de pesquisa, relacionamento interpessoal, compreensão do que é para ser feito. Além do ganho em conhecimento (e este precisa existir), são agregados valores <u>intrínsecos</u> ao pesquisador e executante, como o respeito ao outro pela divergência de opinião, respeito ao que foi solicitado e ao prazo de entrega.

O trabalho escolar não deve ser encarado simplesmente como uma tarefa a mais, uma amolação, um transtorno... O trabalho escolar é um momento de pesquisa, de descoberta, de busca de conhecimento, e cada etapa deve ser própria para cada idade e estágio de estudo.

Em relação ao conhecimento, nem todos os alunos receberão a mesma informação após a pesquisa, pois cada um a assimilará de um jeito diferente e ampliará ou não a sua maneira de vê-la e como a utilizará no decorrer de sua vida estudantil.

Se for pedido um trabalho sobre "cadeia alimentar", o caminho da pesquisa será diferente para cada um, pois há elementos particulares que influenciarão a busca:

– Há, por exemplo, a disponibilidade individual de tempo para a execução.

– O fato de <u>protelar</u> a execução, achando que tem controle sobre o tempo.

– A questão particular de gostar ou não do tema recebido.

– A curiosidade e o desejo de ampliar o conhecimento sobre o tema.

Algumas instituições escolares trabalham com liberdade de escolha de alguns temas, mas nem sempre isso é possível, pois há um planejamento educacional que precisa ser seguido e cumprido.

Portanto, o resultado de uma proposta, mesmo o tema sendo igual para diversas pessoas, poderá, ao final, apresentar-se muito diferente.

Ao falar, ainda sobre o exemplo da "cadeia alimentar", cada um pode dar o direcionamento do que espera encontrar e, evidentemente, seguir as instruções recebidas do professor/orientador.

---

1 O trabalho escolar pode ser definido como uma tarefa que o aluno desenvolve como forma de aumentar o seu conhecimento e que inclui pesquisa e busca mais ampla. Há diversas modalidades de trabalho escolar, dos mais iniciais aos mais complexos, abrangendo pesquisas científicas.

Neste ponto há duas observações a serem feitas:

1 – A orientação sobre o trabalho escolar precisa ficar clara para quem irá realizar a tarefa. Se não entendeu o que precisa ser executado é necessário perguntar, e não ficar esperando que as dúvidas se esclareçam automaticamente.

2 – Apesar de a orientação estar clara, às vezes, não se consegue pôr em prática o que foi solicitado, por outros motivos: interesses maiores que não estão voltados para a vida escolar; falta de incentivo para realizar a tarefa (por si mesmo ou por fatores externos) e por considerar o tema complicado ou cansativo.

EU SEI O QUE É PARA SER FEITO?

ALGUMA COISA ME IMPEDE DE FAZER O TRABALHO?

Seja qual for o caso, sempre vale a pena investigar a causa de não se realizar um bom trabalho, tanto por parte do próprio aluno como por parte do professor/orientador.

2.1 Trabalho escolar e pesquisa científica

a) O **trabalho escolar** representa uma forma de pesquisa que resulta em um documento. Embora de forma mais simples em seu procedimento (se for comparada à pesquisa científica), deve ser executado com rigor em relação ao tema proposto, data de entrega, fontes de pesquisa, como livros, sites, artigos etc. e sempre tendo em vista o cuidado com o plágio e com a redação do trabalho, utilizando a clareza e evitando erros ortográficos.

Importante ressaltar que ao se usar imagens para a ilustração do trabalho, não se deve esquecer a legenda e o crédito a quem as produziu, para tanto informar a fonte de onde foi tirada.

Em relação à apresentação do trabalho é importante que, durante a digitação, observe-se alguns pontos, como a fonte Arial ou Times New Roman, tamanho 12, com espaçamento de 1 cm. Outros elementos devem fazer parte, como os pré-textuais (capa e sumário); textuais (introdução, desenvolvimento e conclusão) e os pós-textuais (referências).

Para alguns trabalhos a ênfase da pesquisa recai sobre a ilustração: cartazes ou apresentações em slides (Power Point) e a preocupação com a estética deve ser a mesma, lembrando que deve haver tema, sequência clara de imagens, textos e, importantíssimo, as referências.

Para todo trabalho escolar os professores/orientadores devem ser claros em relação ao que se pretende com a pesquisa, estabelecer os critérios de avaliação, valor da nota e se ela será individual, em dupla/trio ou outra forma.

b) A **pesquisa** refere-se a várias maneiras de se descobrir um conhecimento, podendo ele ser novo para quem vai pesquisar ou visando aumentar o conhecimento sobre determinado assunto.

Somente com pesquisas e estudos é que se pode refletir e modificar-se. As descobertas de teor intelectual fazem com que o ser humano viva melhor consigo mesmo e com os que os rodeiam.

c) Toda busca deve gerar um resultado científico e pode ser de forma planejada, como de forma imprevisível, como no caso de Alexander Fleming.
1881 – Nasceu na Inglaterra.
1908 – Formou-se em Medicina.
1917 – Serviu na Primeira Guerra Mundial.
1922 – Observou os antissépticos e os leucócitos.
1929 – Publicou um artigo científico e a penicilina entrou no circuito científico.
1943 – Injetou penicilina em um amigo e o salvou.
1945 – Recebeu o Prêmio Nobel de Medicina e Fisiologia.
1947 – Meliço Silvestre atribuiu a Fleming o sucesso no avanço da quimioterapia.

A ordem cronológica não expressa toda a importância desse homem para a humanidade. Graças ao seu senso de observação e sua determinação em encontrar respostas, a ciência pôde ser contemplada, e muito mais a humanidade, que recebeu o benefício de sua descoberta. Doenças como pneumonia, sífilis, difteria, meningite, bronquite, entre outras encontraram formas de serem combatidas.

2.2 A utilização dos verbos nos trabalhos escolares

Para auxiliar na compreensão do que é solicitado, a seguir há uma lista de verbos que podem ser utilizados quando se quer orientar a execução de uma tarefa, de um trabalho escolar ou de uma pesquisa. É comum haver a troca deles, e a atividade acabar sendo feita de modo totalmente diverso do que se era esperado.

Alguns têm um papel fundamental dentro dos trabalhos escolares e pesquisas e podem ser esclarecedores no entendimento. Portanto, compreender os seus significados já é um passo certo para a realização da atividade com sucesso. É comum o uso de verbos no infinitivo como modo de direcionar o que se deseja.

> 1 – Se for tratar de **objetivos** do trabalho escolar, verbos como apontar, arrolar, definir, enunciar, inscrever, registrar, relatar, repetir, sublinhar e nomear podem ser usados.

Exemplo: **apontar** a importância dos alimentos proteicos na cadeia alimentar.

Isso requer uma pesquisa no sentido de listar os alimentos e descobrir como cada um atua e, feita a descoberta, pode-se colocá-los por ordem de importância.

Situações possíveis com este grupo de verbos, com o exemplo da cadeia alimentar:
- **Apontar** a posição que cada ser vivo ocupa na cadeia alimentar.
- **Arrolar** já não serviria para este tipo de trabalho, pois seu significado é: "Pôr em rol; inventariar, listar".
- **Definir** o que vem a ser cadeia alimentar.
- **Enunciar** é sinônimo de exprimir e neste exemplo de assunto não ficaria com sentido adequado.
- **Inscrever** para o tema cadeia alimentar só ficaria viável se fosse solicitado ao aluno que inscrevesse o nome de todos os componentes da cadeia alimentar em ordem alfabética, por exemplo.
- **Registrar**, após pesquisa, os resultados obtidos sobre transferência de energia e de matéria orgânica, dos produtores para os consumidores. Especificar qual caso foi analisado. Esse verbo seria compatível.
- **Relatar** a experiência sobre o estudo dos componentes da cadeia alimentar, feita em laboratório.
- **Repetir** a experiência de laboratório, caso os resultados não sejam esclarecedores.
- **Sublinhar** as partes interessantes sobre a pesquisa da cadeia alimentar, de acordo com o seu ponto de vista.
- **Nomear** os organismos heterotróficos da cadeia alimentar.

A IMPORTÂNCIA DO TRABALHO ESCOLAR PARA O ESTUDANTE

NOSSA! QUANTOS VERBOS!

2 – Se forem envolver a **compreensão** do que foi pedido, verbos como descrever, discutir, distinguir, esclarecer, examinar, explicar, expressar, identificar, localizar, traduzir e transcrever são utilizados.

Observe os exemplos:
– **Descrever** o caminho que cada organismo percorre em busca da sobrevivência.
– **Discutir** com o grupo as consequências do rompimento de um elemento da cadeia alimentar.
– **Distinguir** os tipos de elementos presentes na cadeia alimentar.
– **Esclarecer** para que serve a energia para a sobrevivência dos elementos da cadeia alimentar.
– **Examinar** detalhadamente as informações lidas sobre cadeia alimentar.
– **Explicar** com suas palavras a importância do estudo sobre cadeia alimentar.
– **Expressar** é um verbo que não seria adequado para o tema cadeia alimentar, por ser a sua definição ligada à manifestação de comportamentos, emoções. Sendo o seu teor mais ligado à subjetividade do que às ações de comando de um trabalho deste exemplo.

- **Identificar** os níveis hierárquicos dentro da cadeia alimentar.
- **Localizar** onde há maior fragilidade para o rompimento da cadeia alimentar.
- **Traduzir** os termos encontrados em inglês para os correspondentes em língua portuguesa para o entendimento do tema cadeia alimentar.
- **Transcrever** de fontes confiáveis trechos que falem sobre a problemática do rompimento da cadeia alimentar.

> 3 – Para **aplicar o conhecimento** abstraído, os verbos a seguir são eficazes. Todos eles são usados quando já houve leitura sobre o assunto e se poderia pôr em prática o que estudou e pesquisou: aplicar, demonstrar, empregar, interpretar, ilustrar, inventariar, manipular, praticar, traçar e usar.

Exemplos:
- **Aplicar** o resultado da pesquisa sobre cadeia alimentar de forma prática para a classe.
- **Demonstrar**, após pesquisa, a importância da cadeia alimentar para a sobrevivência dos seres.
- **Empregar** recursos estatísticos para ilustrar os dados obtidos após pesquisa sobre cadeia alimentar.
- **Interpretar** os dados fornecidos sobre cadeia alimentar e traçar um posicionamento pessoal sobre o conhecimento obtido.
- **Ilustrar** com exemplos práticos o funcionamento da cadeia alimentar.
- **Inventariar** ações praticadas pelos homens para que a cadeia alimentar não se rompa.
- **Manipular** alimentos de forma inadequada pode causar contaminação. Defenda seu ponto de vista, concordando ou não.
- **Praticar** a identificação de alimentos transgênicos dos não transgênicos.
- **Traçar** a linha de desenvolvimento alimentar, estabelecendo uma data de início e sendo o término no mês e ano em curso.

– **Usar** as informações obtidas sobre cadeia alimentar e construir gráficos que possam representar as descobertas.

---

4 – Se o objetivo for a **análise**, podem-se usar os verbos analisar, avaliar, caracterizar, classificar, comentar, comparar, constatar, criticar, debater, diferenciar, distinguir, experimentar, examinar, interpretar, investigar, provar, sintetizar.

- **Analisar** os dados obtidos após pesquisa sobre cadeia alimentar.
- **Avaliar** as questões que impedem a cadeia alimentar de exercer seu papel.
- **Caracterizar**, dentro da cadeia alimentar, os seres clorofilados e não clorofilados.
- **Classificar** os animais carnívoros que se alimentam somente de roedores.
- **Comentar** os pontos estudados e **comparar** com a realidade que vivemos.
- **Constatar**, após estudo, se os vegetais são os únicos organismos que conseguem obter os nutrientes necessários ao seu metabolismo e repassá-los aos demais níveis tróficos.
- **Criticar** – para este verbo dificilmente um professor solicitará a ação de criticar, em se tratando de cadeia alimentar, mas sim o desenvolvimento de um pensamento crítico.

Exemplo: Desenvolva o pensamento crítico a respeito do desperdício de alimentos no planeta.

- **Debater** com os colegas do grupo sobre a importância da cadeia alimentar para a sobrevivência dos seres.
- **Diferenciar** zooplâncton e fitoplâncton. (Os verbos **diferenciar** e **distinguir** são sinônimos.)
- **Experimentar** não é um verbo apropriado para se usar com cadeia alimentar, pois induz o leitor a provar, até de certa forma, colocar em sua boca. O melhor é usar o verbo *testar*. Exemplo: Testar a veracidade das afirmações a seguir...

- **Examinar** os dados colhidos após pesquisa sobre cadeia alimentar.
- **Interpretar** os dados obtidos após pesquisa sobre cadeia alimentar.
- **Investigar** as consequências dos alimentos transgênicos na vida humana.
- **Provar**, através de pesquisa, a tese de que alimentos transgênicos são prejudiciais à vida.
- **Sintetizar** para a apresentação oral os pontos mais importantes, pesquisados pelo grupo.

Obs.: *Examinar* e *interpretar* podem, aparentemente, ser iguais, mas são diferentes. Enquanto **examinar** é analisar atentamente, minuciosamente, investigar, **interpretar** significa explicar.

Todos esses verbos são utilizados após a pesquisa ou estudos terem sido feitos. Não é possível, por exemplo, *examinar* à luz do conhecimento se não se descobriu o que precisa ser examinado e de que forma.

5 – Se o objetivo for a **indagação** os verbos seriam estes: indagar, questionar, perguntar.

Aqui vemos que eles são sinônimos, mas cada um tem a sua particularidade de uso. Exemplo:
- **Indagar** a todos os grupos da sala se há conhecimento sobre o que acontece caso haja o rompimento de algum elo da cadeia alimentar.
- Após a entrevista do nosso convidado na escola, **perguntar** a opinião dele a respeito do rompimento da cadeia alimentar.
- **Questionar** os participantes da pesquisa sobre qual era o objetivo traçado no trabalho sobre cadeia alimentar.

2.2 Outros temas de trabalhos escolares que podem ser abordados

– **Água:** a escassez, o mau uso, educação para o uso consciente da água, soluções para a escassez etc.
– **A geografia do mundo**: características geográficas continentais ou de países, a situação do clima no planeta, efeito estufa, a alteração nas geleiras, a movimentação oceânica etc.
– **A história dos Papas**: como chegam ao papado, as ações, o legado ao mundo etc.
– **A informática na vida das pessoas**: a agilidade na informação, a importância do conhecimento de informática, o futuro da informática, robótica, a evolução tecnológica etc.
– **Animais domésticos e não domésticos**: cão, gato, cobra, rato, lobo, onça. Informações sobre os animais: características, tempo para reprodução, doenças etc.

- **Ciência e convivência**: alquimia, biodiversidade, preconceitos, religiosidade etc.
- **Conflitos e guerras no Brasil e no mundo**: Balaiada, Queda da Bastilha, Tratado de Versalhes, Invasões Holandesas no Brasil etc.
- **Doenças e seus tratamentos**: malária, AIDS, tuberculose, sarampo, coqueluche etc.
- **Esportistas brasileiros que se tornaram ídolos**: Maurren Maggi, Pelé, César Cielo, Gustavo Kuerten, Ayrton Senna, Ronaldo, Éder Jofre, Hortência, Joaquim Cruz, Nelson Piquet, Torben Grael, Paula do Basquete, João do Pulo, Romário, Oscar, Garrincha, Emerson Fittipaldi, Neymar, Gustavo Borges, Marta etc.
- **Grandes personalidades da humanidade**: Colombo, Alexandre, o Grande; Aquiles, Arquimedes, Pedro Álvares Cabral, Carlos Magno, Dante Alighieri, Euclides da Cunha, Goethe, José Bonifácio, José Lins do Rêgo etc.
- **Hinos, canções e seus autores**: Hino à Bandeira, Hino da Independência, Hino da Proclamação da República, Canção da Marinha Brasileira, Canção do Exército Brasileiro, Canção do Bombeiro do Estado de São Paulo. Há uma infinidade de hinos e canções cujos autores possuem histórias interessantíssimas.
- **História do Brasil**: descobrimento, Período Imperial, Período Independente, Período Republicano, governos eleitos, Ditadura Militar, democracia etc.
- **Infância e Juventude**: ECA, trabalho infantojuvenil, protagonismo juvenil, cidadania etc.
- **Locais e suas curiosidades**: Alpes, América do Norte, as pirâmides do Egito, Taj Mahal na Índia, Bradenburgo na Alemanha etc.
- **Moradias antigas e atuais**: castelos, casas feitas de alvenaria, palafitas, barracões, ocas, iglus, prédios, tendas etc.
- **Religiões e crenças**: história das religiões, crenças, magias, deuses, religião grega, religião judaica, catolicismo etc.
- **Segurança pública**: como funciona, quem são os responsáveis pela segurança, papel das forças militares, legislação brasileira e as penalidades etc.

– **Temas transversais:**[2] ética, pluralidade cultural, meio ambiente, saúde, orientação sexual etc.
– **Tipos de povos**: astecas, maias, celtas, egípcios, fenícios, incas etc.
– **Transportes atuais e antigos**: caravela, navio, barca, balsa, caminhão, carro, ônibus, bonde, carroça, trem, metrô, bicicleta, avião, helicóptero, motocicleta, dirigível etc. Pode-se explorar o surgimento de cada um, o papel dentro da sociedade e o auxílio para a sua transformação.

---

2 Os temas transversais são constituídos pelos Parâmetros Curriculares Nacionais (PCN's) e compreendem seis áreas: Ética (Respeito Mútuo, Justiça, Diálogo, Solidariedade), Orientação Sexual (Corpo: Matriz da Sexualidade, Relações de Gênero, Prevenções das Doenças Sexualmente Transmissíveis), Meio Ambiente (Os Ciclos da Natureza, Sociedade e Meio Ambiente, Manejo e Conservação Ambiental), Saúde (Autocuidado, Vida Coletiva), Pluralidade Cultural (Pluralidade Cultural e a Vida das Crianças no Brasil, Constituição da Pluralidade Cultural no Brasil, o Ser Humano como Agente Social e Produtor de Cultura, Pluralidade Cultural e Cidadania) e Trabalho e Consumo (Relações de Trabalho; Trabalho, Consumo, Meio Ambiente e Saúde; Consumo, Meios de Comunicação de Massas, Publicidade e Vendas; Direitos Humanos, Cidadania). Os temas transversais expressam conceitos e valores básicos à democracia e à cidadania e obedecem a questões importantes e urgentes para a sociedade contemporânea. Disponível em: <http://portal.mec.gov.br/seb/arquivos/pdf/ttransversais.pdfpara>. Acesso em: jul. 2015.

3. Organizando o tempo

O ser humano tem algumas preciosidades, mas duas merecem destaque: sua própria vida e o tempo disponível para viver. Para refletir sobre o tempo é preciso voltar um pouco à época em que o homem não dispunha de tecnologia e lhe restava tempo. Só para exemplificar, quando esse indivíduo queria alimento praticamente o obtinha em seu quintal ou em um perímetro não muito distante.

Com o aparecimento da tecnologia o homem se sentiu motivado a desenvolver outras aptidões e buscar outras formas de evolução.

No entanto parece que isso não o está ajudando em seu enriquecimento pessoal, pois mesmo com mais tempo, pouco tem destinado para o seu crescimento interior e para as questões que possam lhe trazer felicidade e não somente prazeres momentâneos, como divertir-se com jogos e bate-papos.

Exemplo disso é o computador. Um minuto diante dele, esperando que entre em funcionamento ou quando se quer a execução de um comando, como enviar e-mail, gravar músicas ou salvar documentos, por exemplo, pode parecer uma eternidade, podendo causar ansiedade, um mal que afeta várias pessoas.

Mas por outro lado (aqui se pode criar um paradoxo) uma pessoa pode passar seis, oito ou mais horas em frente ao computador jogando, conversando e nem se dar conta disso, sem que haja algum aprendizado efetivo.

Pensando dessa maneira, o computador parece ser um vilão, mas ele não é, pois se tornou um grande aliado do homem, quando bem utilizado. Resta uma reflexão:

> Se o computador auxilia o homem em n tarefas, há um aproveitamento real do seu uso? Há uma utilidade efetiva do tempo gasto diante dele?

É importante considerar o uso do tempo, tanto em frente ao computador como em outras situações, a fim de evitar desperdício. É comum perder tempo em diversas situações, em geral por falta de organização e método, mesmo quando se sabe da importância de trabalhos e tarefas recebidas.

Para aprender a administrar o tempo é importante saber o que se faz com ele e um roteiro pode ajudar a utilizá-lo de forma eficiente.

Segue abaixo uma simulação de atividades para uma pessoa que estuda no período da manhã (das 7h às 12h30) e cujas ocupações principais são a escola e a rotina diária.

3.1 Planejamento para um dia

HORÁRIO	TAREFA/ATIVIDADE	OBSERVAÇÃO
7:00 – 12:30	Escola	
13:30 – 14:30	Almoço	
14:30 – 15:30	Descanso	Há dias em que se está mais cansado, então pode-se aumentar um pouco o horário. O inverso também pode acontecer: menos cansaço implica menos necessidade de descanso.
15:30 – 17:00	Tarefas escolares	Nem todos os dias há tarefas escolares, mas pode-se reservar o horário para retomar conteúdos.
17:00 – 18:30	Prática de esportes ou outros cursos.	
19:00 – 20:00	Jantar	
20:00 – 21:00	Conversa com amigos e jogos	
21:00 – 21:20	Banho	Não esquecer a economia de água!
21:20 – 22:00	Organizar o material para o dia seguinte.	
22:00	Dormir	

Podem-se planejar as tarefas para uma semana, um mês ou um ano. O importante é se aproximar o mais possível da realidade e não tentar enganar a si mesmo.

3.2 Planejamento para uma semana

HORAS	2ª	3ª	4ª	5ª	6ª	SÁB	DOM
13:00	Ir ao dentista					Acordar	
14:00	–						Almoço com a família
14:30	–	Trabalho de história					Tempo livre
15:00	Passar no mercado para a mãe		Comprar o livro de português			Encontro com os amigos	Livre
15:30	–				Ir ao *shopping* com os amigos		Tempo livre
16:00	–						
16:30	Inglês	Tarefas		Tarefas			
17:00	–	Tarefas		Tarefas			
17:30	–	Tarefas		Tarefas			
18:00							
18:30							
19:00	Tarefa de matemática	Jantar com a minha avó	–	–	–	–	–
19:30	Jantar	Jantar	Jantar	Jantar	Jantar	–	
20:00	–	–	–	–	–	Jantar	Jantar
20:30	Ver meu seriado		Ver meu seriado			Ir ao *shopping* com os amigos	
21:00	–	–	–	–	–	–	Arrumar material para 2ª
21:30	–	–	–	–	–		
22:00	Dormir	Dormir	Dormir	Dormir			Dormir

3.3 Planejamento para um mês

MÊS DE MARÇO

DIA	ATIVIDADE	OBSERVAÇÃO
01	Escola, tarefas e aula de inglês.	Pesquisa importante!
02	Escola, tarefas – meu dia de lavar a louça do almoço.	
03	Escola, tarefas e aula de inglês.	
04	Aniversário da Renata – comprar presente.	A melhor irmã do mundo!
05	Almoço com a família.	Oba! Com certeza terá feijoada.
06	Escola, tarefas e prática esportiva.	
07	Escola, tarefas. Início da leitura do livro *Abaixo a Ditadura*.	Falar com o tio Daniel que entende do assunto.
08	Escola, tarefas e aula de inglês.	
09	Escola, tarefas – meu dia de lavar a louça do almoço.	
10	Escola, tarefas e aula de inglês.	
11	Aniversário do Tiago – ligar para ele.	Convidar o Tiago para vir no domingo jogar com os outros amigos.
12	Dormir até tarde – jogo com os amigos aqui em casa.	
13	Escola, tarefas e prática esportiva.	Fazer teste de basquete.
14	Escola, tarefas.	
15	Escola, tarefas e aula de inglês.	
16	Escola, tarefas – meu dia de lavar a louça do almoço.	
17	Escola, tarefas e aula de inglês.	
18	Ir com meu padrinho escolher o meu presente.	
19	Dormir até tarde – almoçar com a avó.	O almoço da minha avó é o melhor.
20	Escola, tarefas e prática esportiva.	
21	Escola, tarefas.	
22	Escola, tarefas e aula de inglês.	
23	Escola, tarefas.	
24	Escola, tarefas e aula de inglês.	
25	Final de semana com a turma da escola.	
26	Final de semana com a turma da escola.	Vai ser demais!
27	Escola, tarefas e prática esportiva.	Jogo do meu time com a outra escola.
28	Escola, tarefas.	Aniversário da escola.
29	Escola, tarefas e aula de inglês.	Talvez mudança de nível no inglês.
30	Escola, tarefas.	
31	Escola, tarefas e aula de inglês.	

ORGANIZANDO O TEMPO

> **Obs.**: As atividades são apenas exemplos e variam de pessoa para pessoa. No planejamento anterior aparece em todos os dias úteis a palavra "tarefas", mas nem todos os dias elas são dadas. O aluno pode aproveitar o tempo para retomar algum conteúdo que não ficou muito claro ou apenas descansar naquele dia.

3.4 Planejamento para um ano

DIA	MÊS	ATIVIDADE	OBSERVAÇÃO
04	Fev.	Comprar ou emprestar o livro *Abaixo a Ditadura*.	Falar com meu avô sobre o tema.
15	Fev.	– Avaliação dentária. – Pesquisar tema para o meu trabalho de iniciação científica.	Ver quem vai comigo ao dentista.
01	Mar.	Aniversário do meu pai.	Comprar um presente.
04	Mar.	Entrega do trabalho sobre o livro *Abaixo a Ditadura*.	
25	Abr.	– Falar com o professor orientador sobre meu tema de pesquisa. – Participar do grupo que coletará agasalhos para os mais carentes. – Apresentação da peça de teatro na escola (15 de Maio).	– O professor está na escola de 3ª, 4ª e 5ª (não posso esquecer!). – Decorar as minhas falas.
27	Abr.	Início das avaliações trimestrais.	Dedicar-me em português!
05	Mai.	Acampamento com o pessoal da escola.	Não quero ficar ansioso!
15	Mai.	Apresentação da peça de teatro na escola.	Falas decoradas!
11	Jun.	– Entregar a pasta de resenhas (superimportante – NÃO POSSO ESQUECER). – Mostrar ao professor o andamento da minha pesquisa.	– Deixar a pasta bem na porta da sala, para não esquecer. – A minha pesquisa está um pouco grande.
04	Jul.	Início das férias – ler *História de uma alma*	Uma parte é descanso e a outra é trabalho! Ai, ai, ai!
15	Jul.	Viagem para a casa da avó.	Oba!!!
01	Ago.	– 1º dia de aula – não esquecer as tarefas. – Falar com o professor sobre as considerações finais da minha pesquisa.	Não esquecer as tarefas mesmo!

Continua

Continuação

04	Ago.	Início das avaliações trimestrais.	Dedicação total para português!
25	Ago.	Aniversário da minha mãe.	Comprar um presente.
27	Ago.	Falar com meus pais sobre a minha festa de aniversário.	Fazer a lista dos amigos (para garantir).
05	Set.	Prazo que me dei para o término da minha pesquisa.	Preciso de mais tempo.
15	Set.	Meu aniversário – parabéns pra mim!!!	Ganhei a festa.
30	Set.	Outra data que me dei para o término da pesquisa (meu trabalho está praticamente pronto).	
10	Out.	Ensaio para a apresentação do trabalho de pesquisa.	
18	Out.	Outro ensaio para a apresentação do trabalho – estou com ansiedade, mas vou conseguir.	
30	Out.	APRESENTAÇÃO DO TRABALHO!!!!!	Estou acreditando que vai dar certo!!!!
10	Nov.	Início das avaliações trimestrais.	São as últimas deste ano! Oba!
16	Nov.	Início das recuperações!	Não quero ficar em nada!
03	Dez.	Início das férias!	Passei!

Cada um pode usar o modelo de planilha mais adequado à sua rotina de vida. Pode-se usar uma folha de papel, uma cartolina, um quadro de avisos (para se deixar à mostra no próprio quarto), ou recursos do computador ou do celular.[3]

> Se não tiver os últimos recursos da tecnologia, não sofra. Estude! Persevere! Com estudo e dedicação, você conquistará um lugar especial no mercado de trabalho e poderá ter as coisas materiais que deseja.

Quanto ao tempo, não é possível querer se enganar, dizendo que sempre há muito a fazer, que é tudo corrido, ou que está estressado, por isso não dá conta das tarefas.

Essas desculpas não servem, ou como se diz na gíria, não "colam". É possível que se esteja atolado em atividades, mas que talvez não sejam úteis para o crescimento pessoal, e assim você acaba usando o tempo inadequadamente; as tarefas se acumulam e a sensação

---

[3] Há alguns aplicativos para auxiliar na organização de horários que combinam gerenciamento de tarefas, aviso de datas de entregas de trabalhos e formas de executá-lo.

de que se tem muito mais coisa pra fazer do que tempo aumenta, gerando ansiedade e desconforto.

> Planejar o dia, o mês, o ano, a vida, enfim, não é ser escravo do tempo, mas arrumar uma maneira de viver melhor sem atribulações, e sem o sentimento de frustração por não ter cumprido aquela tarefa, que era possível ser cumprida.

3.5 Listas de organização de horários

Basear-se nos modelos e em uma lista ajuda a montar um quadro de organização de horários.

1 – Liste suas atividades com seus respectivos horários (futebol, inglês, balé, ginástica, informática etc.).
2 – Descubra como a maior parte do seu tempo está sendo gasta (se for só com lazer, é preciso reorganizá-lo).
3 – Veja quanto tempo está sendo usado com situações que não auxiliam na conquista de uma vida melhor (passar todo o tempo na internet jogando, mexendo no celular, conversando com os amigos é bem divertido, mas não ajuda na realização das tarefas. Não vale dizer que "depende").
4 – Livre-se da preguiça. Tê-la de vez em quando é normal e natural para qualquer pessoa, mas se ela persistir por um longo tempo é melhor investigar para descobrir a causa para tanta moleza. Todos têm um pouco de preguiça, mas é necessário vencê-la, para se atingirem objetivos maiores.

5 – De posse do tempo livre, planeje os horários de acordo com a característica do que se tem a realizar. (Se há tarefas das quais não se pode fugir, então o melhor é enfrentá-las).

6 – É importante que se saiba diferenciar na vida o que são:

– Tarefas *urgentes* – entregar um trabalho com data marcada ou situações que não se relacionam com trabalho escolar, mas que são de emergência, como, por exemplo, ir ao médico devido uma doença em si mesmo ou em alguém da família ou, ainda, o falecimento de um ente querido. Portanto *urgentes* são os compromissos inadiáveis e tremendamente necessários.

– Tarefas *cotidianas* – obrigações perfeitamente possíveis de se administrar: tarefas de casa e da escola, ler um livro (de forma planejada para que ele não entre na lista das tarefas urgentes), sair todos os dias para não fazer nada de útil, encher-se de desculpas para não cumprir tarefas, passar horas e horas só com atividades de lazer e não produzir nada de útil nem para si nem para outra pessoa. *Cotidianas* são as atividades e compromissos que podem ser deixados para depois, sem que haja prejuízo.

COMO ASSIM?????

PRECISAM SER CUMPRIDAS = PRECISAM SER FEITAS

7 – Saiba dizer "não" ao amigo tendo em vista o compromisso escolar. Isso não quer dizer ficar isolado, mas ter a respon-

sabilidade perante os compromissos que aparecem na vida e, depois de cumpri-los, ir ao encontro do lazer, pois ele é fundamental também para a felicidade.

AGORA NÃO POSSO. TENHO UM TRABALHO PARA FAZER.

8 – <u>Tenha a consciência</u> de que todos vivem uma parte da vida para o presente, o dia de hoje, e outra para o planejamento do dia de amanhã, o futuro.
Por exemplo: não dá para querer ser aprovado em novembro se não houve dedicação e cumprimento de tarefas ao longo do ano. Assim como não é possível entrar na faculdade quando se está no 1º grau. São etapas que vão sendo planejadas, vividas e vencidas.

9 – Conte com todas as formas de controle: **um planejamento pessoal, agendas, listas**. Não esqueça que o domínio total do tempo é praticamente impossível, mas é importante saber que se pode organizar e fazer o melhor para cumprir o que foi solicitado.

10 – Especialistas dizem que todos os seres humanos possuem um horário em suas vidas em que conseguem produzir mais. Algumas pessoas, por exemplo, preferem o período da manhã, outras o período da tarde. Há ainda as que são mais ativas no período noturno. Descubra sua característica e programe-se. É possível! Mas lembre-se de que se o compromisso escolar é na parte da manhã, não adianta querer fazer tarefas durante a madrugada, pois no dia seguinte não terá condições físicas de suportar qualquer aprendizado. Todo ser humano precisa de horas de repouso e, partindo desta observação, aproveite bem o horário em que o seu potencial para o trabalho está mais forte e execute as tarefas necessárias.

11 – Evite fazer os trabalhos em muitas parcelas. Protelar a execução nem sempre é saudável. É evidente que quando se trata de pesquisas, elas levam mais tempo e podem e devem ser feitas em etapas, mas trabalhos simples precisam ter solução rápida, pois corre-se o risco de ser tomado pelo cansaço, antes de se chegar ao objetivo final.

12 – Tenha <u>determinação</u> e coragem para solucionar o que precisa ser solucionado. Dê preferência à realização das tarefas mais chatas e poderá se deliciar com aquelas que podem trazer maior prazer.

FALSO SOSSEGO
DEPOIS EU FAÇO... AINDA TEM MUITO TEMPO!
IH... ESTOU TRANQUILO!

FALTA DE VONTADE
VOU SEPARAR TUDO O QUE VOU USAR PARA FAZER O TRABALHO.
AH... DEPOIS EU FAÇO ISSO.

ENROLAÇÃO
AH... TENHO TANTA COISA PRA FAZER.
FIZ TANTAS COISAS QUE PRECISO DESCANSAR!

NÃO ACEITAR O QUE SE PRECISA FAZER
ELES ENCHEM A GENTE DE TRABALHOS... MAS AINDA TENHO TEMPO.
EU CONSIGO FAZER... EU NÃO PRECISO FICAR COMENDO TRÊS VEZES AO DIA...

AGONIA
E AGORA O QUE EU VOU FAZER? O TRABALHO É PARA AMANHÃ!
NUNCA MAIS "EMPURRO COM A BARRIGA" O QUE EU TENHO PARA FAZER!

13 – Tome cuidado com o perfeccionismo e com o desleixo, pois tanto um quanto o outro podem prejudicar um trabalho. O primeiro por querer chegar à perfeição, pois somos seres humanos e queremos fazer sempre o melhor, mas precisamos saber que somos falíveis e alguma coisa pode dar errado.

Quanto ao desleixo, ele também afeta muito, pois, ao receber o trabalho, o professor/avaliador espera, no mínimo, um pouco de dedicação e empenho. Entregar uma atividade feita de qualquer maneira é uma prova de tremendo descaso.

A constância na execução de trabalhos leva sempre quem faz a um aprimoramento maior. Trabalhos bons requerem prática, tempo e paciência.

> Há um aprendizado implícito em todo trabalho feito e deve ser considerado como parte do grande desafio da tarefa recebida. Pode-se aprender sobre **noção de tempo**, sobre como se usa e como se pode administrá-lo melhor. Pode-se aprender sobre o **próprio assunto**, sobre **fontes de pesquisa** e sobre **a questão dos relacionamentos**, principalmente quando o trabalho for feito em grupo. Enfim, um trabalho escolar, seja de que nível for, sempre traz um ganho para quem o realiza.

3.6 Tempo *vs.* eficiência

Muitas pessoas encontram maneiras bem eficientes de lidar com suas tarefas e sua disponibilidade de tempo. Sabem, por exemplo, que há uma diferença entre aonde pretendem chegar e como fazer para chegar aonde desejam. Robert C. Cooper, em *Não tropece nas próprias pernas,* tem um posicionamento muito interessante sobre direção e movimento e como o cérebro trabalha a favor do ser humano:

> Você deve escolher momentos certos, não movimento, e esses momentos devem ser cuidadosamente alinhados em um fio condutor que leve até o seu melhor futuro

possível. Só é necessário um momento, uma rápida visão do futuro, uma "esticada" especial até o futuro de vez em quando a cada dia, para fazer com que o prosencéfalo continue a realizar a sua mágica, mantendo-o à frente em um mundo de transformação e colocando-o na posição certa para conquistar um futuro cada vez melhor. Só é necessário um momento, e poucas pessoas sabem fazer isso.

Se já é do seu conhecimento em que ponto pretende chegar, tabelas e listas apenas representarão o movimento de um plano individual, mesmo que se trate de um trabalho escolar, seja de que nível for.

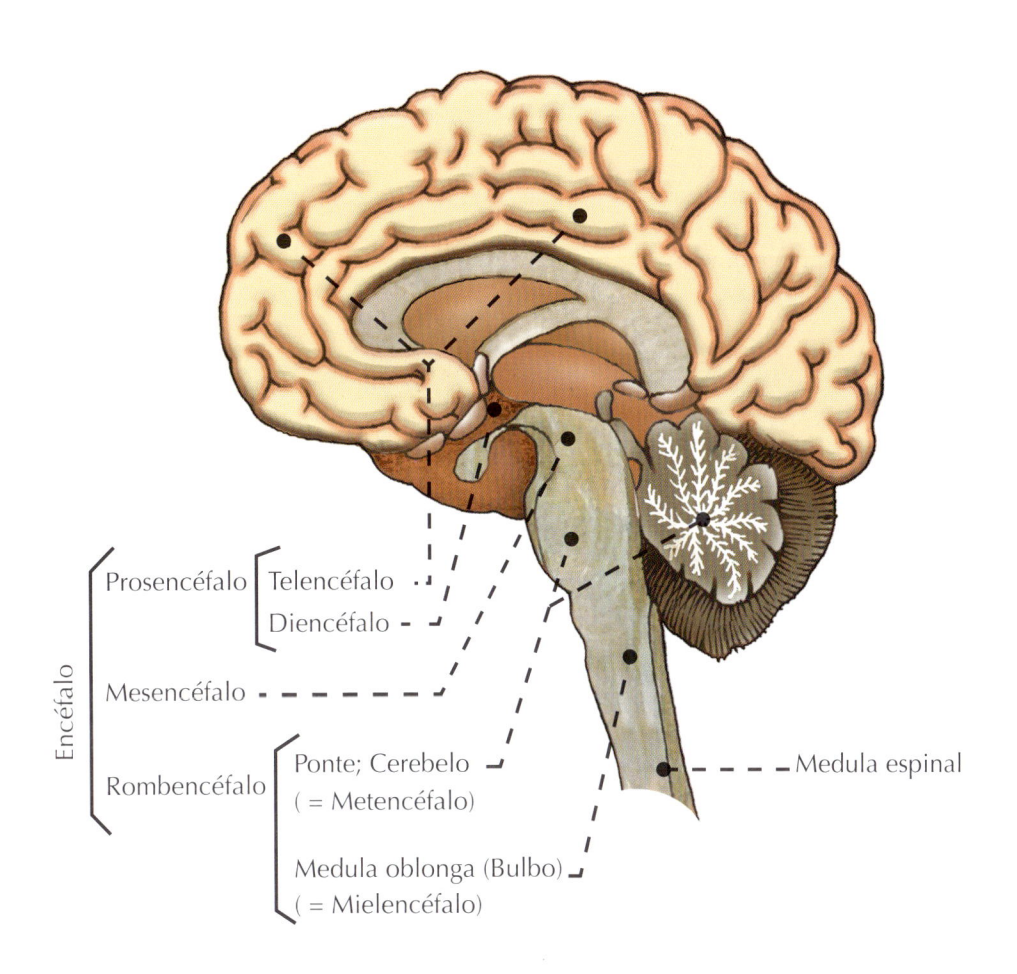

Encéfalo
- Prosencéfalo
  - Telencéfalo
  - Diencéfalo
- Mesencéfalo
- Rombencéfalo
  - Ponte; Cerebelo (= Metencéfalo)
  - Medula oblonga (Bulbo) (= Mielencéfalo)

Medula espinal

4. Descobrindo os seus valores

Ao observar o outro se pode perceber que, à primeira vista, somos todos aparentemente iguais: temos olhos, nariz, boca... Enfim o nosso conjunto parece ser igual, mas à medida que se vai vivendo, percebe-se que somos diferentes e que os valores vão nos distinguindo uns dos outros.

Pode-se afirmar que os seres possuem dois tipos de valores: os **permanentes** e os **efêmeros**.

> **Permanentes** são os valores adquiridos ao longo da vida, como a bondade, o caráter, o senso de dever, a honestidade, a capacidade de amar ao próximo, a responsabilidade, a capacidade de renúncia, a solidariedade, enfim todos os atributos morais.
>
> Já os valores **efêmeros** são aqueles passageiros, cuja durabilidade não se pode contar, tais como a beleza, a força física, a capacidade de praticar esportes, as artes manuais, a riqueza e, a mais importante, a própria vida.

Esses valores acompanharão o indivíduo em sua vida. Alguns exemplos:
– Se alguém é bonito pode ser bem mais aceito? Pode! Principalmente para pessoas que não sabem sobre a existência de valores *permanentes* e que acreditam ser eterna a beleza. Como se sabe, não há durabilidade para a beleza física. Há outros valores que realmente importam em um ser humano. Ter beleza não é problema, mas a questão fica complicada quando somente esse valor é considerado. Deve-se buscar, descobrir e desenvolver outros: generosidade, capacidade de enxergar o semelhante como alguém igual e, portanto, merecedor de respeito. Utilizar a inteligência em prol de si mesmo e da sociedade também é importante.

A felicidade que a descoberta dos valores permanentes traz permite ao ser humano ocupar seu lugar na vida, como alguém pleno e consciente, que sabe da efemeridade das coisas da vida e se volta para as permanentes.

Mas o que tudo isso tem a ver com trabalhos e pesquisas escolares?

Ao se reunir para fazer um trabalho é possível perceber como cada componente é, e como isso pode afetar o colega ou a si mesmo.

Nos últimos tempos tem-se assistido a uma inversão de valores. É inegável que a ciência e a tecnologia avançaram muito, trazendo ao ser humano grandes benefícios, mas esse progresso também trouxe, por outro lado, uma modificação na forma como ele conduz alguns de seus valores, acabando por esquecer onde fica a linha imaginária do que pode ou não pode fazer.

Trabalhos e pesquisas escolares estão muito relacionados a esses valores, principalmente quando o comportamento de quem precisa executá-los não é muito agradável:

- O trabalho é cópia de outro já produzido e se encontra disponível na internet, portanto tem um autor. Caso faça isso, é importante saber que se configura plágio.
- Ou a atitude pessoal acaba por prejudicar o colega, por exemplo, sobrecarregando-o com as atividades, ao deixar tudo para que ele execute e, consequentemente, ainda, fazê-lo se sentir infeliz por perceber que está sendo usado por quem deveria cumprir com a própria parte.

Como assim?

Exemplo 1: A pessoa faz o trabalho, mas ele não é fruto do seu esforço. É simplesmente produto de cópia.

Hoje, com a internet, é preciso muito cuidado para não achar que tudo que se encontra lá é de propriedade de todos. Ler os assuntos e "tirar ideia" é uma situação, mas copiar é desonesto, e prova sua incapacidade de produzir trabalhos com seus próprios meios de pesquisa e esforço.

Neste exemplo não há a interferência na vida do outro, mas na vida da própria pessoa, por ter um valor não apropriado.

No caso de trabalhos de pesquisas mais elaborados, tais como monografias, teses de mestrado e doutorado, a questão fica ainda mais séria, e quem age desta forma pode ter seu trabalho rejeitado ou até ser processado.[4]

Exemplo 2: O professor pede um trabalho de pesquisa sobre "O aparecimento de novas estrelas nos últimos vinte anos".

Ele orienta que deverá ser feito em grupo. As pessoas se organizam. Algumas querem ficar com colegas que todos já sabem serem bons cumpridores de tarefas. O aproveitador, então, fica esperando as formações e quer se unir com os dedicados, só para se aproveitar da situação.

Cria-se um clima constrangedor, pois não se quer falar "não" para nenhum colega, mesmo que seja para aproveitadores.

Uma possibilidade é se conformar com o que está ocorrendo.

Outra é perceber a situação e, com educação, avisar sobre a responsabilidade de cada um e começar a cobrar a participação mais efetiva deste(a) colega, explicando-lhe que, se não fizer a sua parte, em outro momento ele(a) não será aceito(a) no grupo.

---

4 Os Direitos Autorais são regulados pela Lei nº 9.610/98 de 19 de fevereiro de 1998, e tem sua política a cargo da Diretoria de Direitos Intelectuais, estrutura da Secretaria de Políticas Culturais do Ministério da Cultura (MinC). Disponível em: <https://www.planalto.gov.br/ccivil_03/Leis/L9610.htm>. Acesso em: 5 jul. 2015.
– O CNPq (Conselho Nacional de Desenvolvimento Científico e Tecnológico) tem as suas diretrizes quanto à execução de trabalhos com o fim de pesquisa de obtenção de bolsa de estudo. Disponível em: <http://www.cnpq.br/web/guest/diretrizes>. Acesso em: 5 jul. 2015.
– Código Penal Brasileiro, em vigor, "Crimes Contra a Propriedade Intelectual", artigo 184: *Violar direito autoral: Pena – detenção, de 3 (três) meses a 1 (um) ano, ou multa, conforme a natureza do ato praticado.* Disponível em: <http://legis.senado.gov.br/legislacao/ListaPublicacoes.action?id=102343>. Acesso em: 5 jul. 2015.

Esta é uma das situações em que as pessoas começam a revelar seus valores, ou seja, mostram-se aproveitadoras e desejosas de obter nota através do esforço dos outros, produzindo pouco ou quase nada. Em alguns casos, quando são cobradas, percebem a atitude e modificam-se, mas em outros...

É evidente que quem costuma agir deste modo precisa rever seus valores de participação, solidariedade, ética e responsabilidade e, principalmente, tomar consciência de que a sua vida escolar pertence principalmente a ele mesmo.

Já os componentes de um grupo sempre devem ter um olhar de amizade e solidariedade para com todos os participantes, pois são valores essenciais para uma convivência pacífica. Sentir-se sendo usado por alguém não é um bom sentimento e isso precisa ser conversado de forma civilizada entre os participantes.

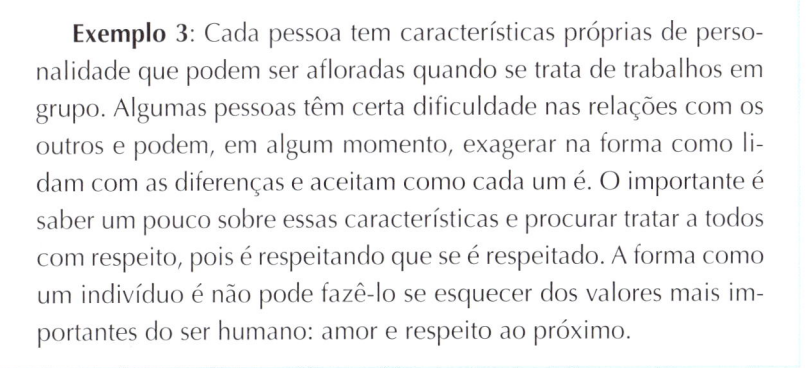

COMPREENSÃO E RESPEITO SÃO IMPORTANTES NA CONVIVÊNCIA COM OS DEMAIS, E PRINCIPALMENTE ACREDITAR QUE NINGUÉM É MELHOR QUE NINGUÉM.

Exemplo 3: Cada pessoa tem características próprias de personalidade que podem ser afloradas quando se trata de trabalhos em grupo. Algumas pessoas têm certa dificuldade nas relações com os outros e podem, em algum momento, exagerar na forma como lidam com as diferenças e aceitam como cada um é. O importante é saber um pouco sobre essas características e procurar tratar a todos com respeito, pois é respeitando que se é respeitado. A forma como um indivíduo é não pode fazê-lo se esquecer dos valores mais importantes do ser humano: amor e respeito ao próximo.

4.1 Tipos comportamentais

a) Há o <u>perfeccionista</u>, que não admite que um integrante do grupo erre, falhe. Às vezes exagera e acaba criticando o colega ou utilizando palavras que podem magoá-lo. O perfeccionista pode criar no grupo certo <u>constrangimento</u>, como o medo de errar e ser criticado. Pessoas com esta característica gostam muito das frases com efeito de cobrança: "Você deve fazer isso", "Você precisa fazer aquilo", "Você tem de prestar mais atenção". Sempre situações de exigência para com o outro. O bom é manter o equilíbrio com todos e saber que se pode chegar a um <u>consenso</u>, já que o trabalho pertence ao grupo. O valor permanente que se deve desenvolver aqui é o **respeito**.

b) Há aquele que não aceita a opinião do outro e, por consequência, não ouve ninguém. Podem surgir algumas situações de agressão com palavras, fazendo com que o objetivo do trabalho fique distante. Não é agradável agir assim. As pessoas sempre têm o que ensinar umas às outras. Os valores permanentes que se devem desenvolver aqui são a **paciência e capacidade de ouvir os outros**.

c) Há o líder impositivo, que, muitas vezes, utiliza o poder para obrigar o outro a agir. O bom líder, mesmo sendo jovem, é aquele que sabe conduzir o grupo e a si mesmo. O valor permanente que se deve desenvolver aqui é a **tolerância** com os outros.

A boa condução de qualquer tipo de trabalho em grupo é aquela em que todos podem participar de forma sadia e sempre refletindo sobre os valores permanentes que cada um pode agregar ao outro.

d) Há pessoas que têm atitudes descompromissadas com o trabalho e sempre arrumam justificativas para a sua falha. Na divisão das tarefas, aceitam a sua parte, mas na data combinada arrumam desculpas por não tê-las feito e deixam o grupo em situação difícil. Os valores permanentes que se devem desenvolver são a **responsabilidade** e o **comprometimento** com o que se precisa fazer.

e) Há pessoas que se aproveitam da generosidade de amigos e colegas e se "vitimizam", fazendo o papel de coitadinhos para conquistar a simpatia de todos e fugir de suas obrigações. São também conhecidos como aproveitadores. O valor a ser desenvolvido aqui é o **respeito** ao próximo.

f) Um tipo que chama a atenção é o *líder exagerado* em relação ao que foi pedido e ao comportamento dos colegas. Torna-se um chato. Tem uma interpretação complicada sobre o que é para fazer e, às vezes, de tanto querer cumprir o que se pede, acaba por deixar aspectos importantes de lado. Atormenta colegas com detalhes que não têm importância no contexto geral da tarefa. É diferente do *perfeccionista* que, às vezes, não admite os erros dos outros e usa de agressividade para fazer valer a sua ideia, além de exagerar nas ações e comentários. O valor permanente que se deve desenvolver aqui é a **solidariedade** com os colegas.

g) Há o *postergador*. O nome parece complicado, mas ele é fácil de ser identificado. É o tipo que adia tudo o que aparece pela frente. Promete, promete, mas acaba não cumprindo. O grupo, conhecendo-o, já sabe que com ele não se pode contar. Este tipo atrapalha muito o andamento dos trabalhos. Os valores permanentes que se devem desenvolver aqui são **responsabilidade** com as tarefas recebidas e **respeito** com os colegas.

TRABALHO? PRA HOJE? NINGUÉM ME FALOU NADA!

A característica de cada um não deve ser justificativa para deixar de lado os valores individuais maiores. Devem-se levar os valores permanentes em todas as atividades e para todos os tipos de pessoas participantes de grupo.

Trabalhos escolares em grupo geram um aprendizado muito grande e importante. A prática do diálogo é sempre uma boa saída para as situações de conflito. A convivência entre os componentes traz um aprendizado muito grandioso que poderá ajudar na vida pessoal e também na profissional que todos, com certeza, um dia enfrentarão.

> O importante é manter os valores do ser humano (honestidade, responsabilidade, dedicação, comprometimento, solidariedade etc.) e fazer o que foi solicitado.
>
> Não se deve esquecer que cultivar os valores permanentes é muito importante para a vida de qualquer pessoa. Como a própria palavra já diz: são para sempre!

5. Organizando o trabalho escolar

Em cada fase escolar, as tarefas mudam no sentido de aprimoramento de pesquisa e da busca de maior conhecimento. É muito comum o termo "trabalho" para todas as tarefas escolares recebidas, mas é importante aprender que, em cada fase escolar, há diversas nomenclaturas e, consequentemente, profundidades de pesquisa. É importante conhecê-las.

Todo trabalho envolve, a partir do seu nome, uma atuação de modo a atingir o objetivo estipulado. É preciso saber organizá-lo e identificar o ponto de partida e o ponto onde se pretende chegar.

5.1 Diferenciar tema e assunto

Entende-se por "*assunto*" aquele cujo significado é mais amplo, mais abrangente, mais genérico. Exemplo: Educação, Ecologia, Segurança Nacional, Viagens Espaciais etc.

Já o "*tema*" é mais fechado, mais restrito. Exemplo: "O papel da mulher na Segurança Nacional".

O assunto permite o desenvolvimento de vários temas.

O tema precisa ser delimitado, para que a pesquisa tenha coerência e sentido investigativo.

5.1.1 Como chegar ao tema

Primeiramente é importante analisar o que se quer pesquisar. Se o tema foi **indicação do professor/orientador**, o que se pode fazer é solicitar maiores esclarecimentos para chegar ao objetivo pretendido, pois o professor, com certeza, tem as informações necessárias.

Se o tema for de **livre escolha do aluno ou do grupo**, a solução é enfrentar o desafio da pesquisa e procurar fazer o melhor trabalho possível. Pode-se contar com a ajuda do professor para esclarecer dúvidas sobre procedimentos e formas de executá-lo.

Para ajudar neste processo alguns pontos podem contribuir:

a) Escolher um tema que esteja dentro das possibilidades do estudante. Não querer buscar temas não pertinentes ao ano de estudo que está cursando, pois poderá haver dificuldades na hora da elaboração. Exemplos de questionamentos:
- Eu me identifico com este tema?
- Eu sei da importância do tema que irei pesquisar?
- O tema é comum? Muitas pessoas já o pesquisaram?
- Eu tenho conhecimento que preciso fazer um projeto para me orientar durante o percurso da pesquisa?
- Eu sei qual é a questão motivadora do meu tema para me levar a pesquisar?
- Eu sei com qual professor eu poderei falar para me orientar em pontos mais complicados?
- Eu tenho material suficiente para a pesquisa ou sei como e onde obtê-lo?

b) Verificar a **disponibilidade de material de pesquisa**. Não adianta escolher um tema e somente mais tarde descobrir que não existem livros ou apostilas sobre ele; que os locais para a pesquisa ficam muito distantes ou são de difícil acesso; perceber que não se tem computador ou que ele não funciona adequadamente, ou que não existe possibilidade de acesso à Internet.

c) Procurar **listar** as prováveis **dificuldades** e as prováveis **soluções**, antes da escolha definitiva. É claro que algumas dificuldades só surgirão na fase da pesquisa, mas se os obstáculos puderem ser previstos e evitados, tornará mais fácil o processo de produção.

d) Saber que a **escolha de temas genéricos** pode acarretar uma pesquisa sem propósito definido. É importante concentrar a busca em um foco menor.

Por exemplo, o assunto "globalização" é muito amplo, pois significa a integração de diversos campos de atuação entre nações. Ao se analisar com calma, pode-se perceber que há pontos na economia, na cultura, transporte, comunicação etc. Então, ao escolher o tema "globalização", é necessário especificar o subtema, que, neste caso, poderia ser: "A globalização e a recessão econômica nos anos 70" ou "A globalização e a problemática da água" etc.

e) **Assuntos atuais** que englobam política, ciências, tecnologia, economia, entretenimento, esportes, cultura precisam ser delimitados para permitir uma pesquisa mais apurada. Não é possível escrever tudo de política, assim como dos demais assuntos citados. É preciso refinar o propósito da pesquisa para se chegar a um resultado mais satisfatório.

f) Quando se dá **liberdade aos jovens** para escrever sobre temas de sua escolha, alguns acabam por optar por assuntos relacionados com o seu lazer, como, por exemplo, times de futebol. Pode-se afirmar que é impossível escrever sobre um time mais do que já está publicado sobre ele. Neste caso é importante limitar o campo de pesquisa e buscar uma particularidade de quem escreve, um olhar específico sobre o tema, de forma que ele não fique genérico, mas que represente o pensamento de quem o escolheu. Por exemplo: No caso de times de futebol é possível escrever sobre eles, mas desde que haja um ponto pessoal na pesquisa: **"(Nome do time) e a força das torcidas organizadas"** para poder conseguir dar uma característica diferenciada ao trabalho.

g) Quanto à escolha dos temas, é ainda conveniente tomar certos **cuidados**, principalmente com aqueles que causam polêmicas. E por que o cuidado? Porque toda pesquisa de temas desta natureza precisa estar bem estruturada e bem fundamentada para que, no decorrer dela, não se perceba que foi uma escolha errada, pois não havia preparo do aluno para defender situações que requerem muita leitura, investigação, formação de opinião. E que temas seriam estes? Os relativos à sexualidade, à religiosidade, à política, ao nacionalismo exacerbado, enfim alguns temas geradores de conflito dentro de uma sociedade. Não se pode falar deles? Claro que pode! Só precisa ter conhecimento e saber como estruturar o assunto para não ferir pessoas e não saber fundamentar o trabalho.

5.2 Projetos de pesquisa

Quando se fala em pesquisa escolar, muitos estudantes ficam com dúvida sobre como agir diante dessa solicitação. Um bom exemplo para ajudar nesse impasse é a pesquisa sobre a compra de um celular. Pesquisa-se sobre preço, modelo, loja, operadora etc. Itens importantes antes do ato da compra. Portanto, pesquisar é buscar, procurar, comparar, refinar, decidir e finalmente agir.

Nos trabalhos acontece praticamente a mesma coisa, com a diferença de que o objeto de pesquisa é o conhecimento do indivíduo, o seu engrandecimento como pessoa.

Pode-se pesquisar sobre os mais diversos assuntos e, para tanto, deve-se valer de diversas fontes para dar maior credibilidade à busca.

Para a efetivação do ato de pesquisar é importante saber que há diversas formas de realizá-lo e de organizá-lo.[5]

5.2.1 Formas de pesquisa

a) Pesquisa em livros – Bibliográfica
O plural indica exatamente o que precisa acontecer: ler vários livros sobre o assunto. Há assuntos em que não se precisa ler o livro todo, pois ele está dividido em capítulos e pode-se ir direto ao assunto que se deseja. Mas há casos em que se não completar toda a leitura não se pode opinar, nem ter a certeza de que ele é útil para o que se está pesquisando.
É importante ressaltar que há livros adequados para cada nível escolar. Por exemplo, um livro do 1º grau, dependendo da pesquisa que se está fazendo, geralmente não é adequado para quem está fazendo uma especialização.
Todo livro que for lido, mesmo que parcialmente, precisa ter seus dados informados e constar na bibliografia do trabalho.
b) Pesquisa por meio de entrevistas
Para este tipo é necessário elaborar previamente as questões que serão utilizadas e pode-se estipular o número de pessoas participantes.

---
[5] Consultar o livro *Como fazer Projetos de Iniciação Científica*, de Cleusa Kazue Sakamoto e Isabel Orestes Silveira. São Paulo: Paulus, 2014.

A entrevista precisa ter um objetivo: **quantitativa**, se for, por exemplo, para saber quantas pessoas tem essa ou aquela atitude, ou participam de alguma coisa, ou ainda, que tipo de produto, ou candidato eleitoral essas pessoas preferem.

Já a pesquisa **qualitativa** trabalhará com conceitos, ideias, que podem ser aplicadas na vida das pessoas. Um exemplo possível seria a pesquisa sobre a "Problemática do lixo" ou "O uso racional da água". Pode-se pesquisar se as pessoas têm ideia sobre as consequências causadas pelo excesso de lixo em suas vidas. Saber seus conceitos e formação. E a mesma coisa com a água. Pode-se verificar se as pessoas, nos diversos níveis sociais, sabem de onde a água vem, para onde vai. Como um recurso tão precioso é desperdiçado. As respostas, com certeza, serão bem interessantes.

c) Pesquisa prática e observatória

Muito mais importante do que o nome que se dá para este tipo de pesquisa é saber que estudantes podem realizá-la com os devidos ajustes para as idades e ciclos.

Consiste, por exemplo, na observação de um formigueiro e consequente anotação sobre como as formigas se comportam nos diversos horários do dia. Para a pesquisa será necessário olhos atentos, anotações constantes e ver, na prática, o que sucede naquele espaço de moradia delas.

A leitura de tudo que foi observado dará o resultado para o desenvolvimento do trabalho, posteriormente.

d) Pesquisa documental

Esta pesquisa será amparada por documentos existentes e cujo foco de um trabalho necessitar. Exemplo: estudar sobre a chegada dos imigrantes italianos no Brasil, através de documentos e fotos.[6]

Quando se trata de documentos, museus e entidades do gênero são especificamente indicados para este tipo de pesquisa. Hoje é possível visitar museus internacionais via internet, mas lembre-se de comunicar ao professor/orientador sobre a intenção de se usar esse recurso, como referência de pesquisa.

e) Pesquisa em sites

É inegável a contribuição que a internet trouxe ao aprendizado.

Há a facilidade de busca rápida sem que se saia do ambiente doméstico. Qualquer pesquisa pode ser feita em instantes, mas quem se utiliza deste recurso precisa saber que há regras para o seu aproveitamento (como já dito anteriormente).

---

6 Disponível em: <http://museudaimigracao.org.br/>. Acesso em: 5 jul. 2015.

Ao ser solicitada uma pesquisa (imaginemos um tema fácil, para um trabalho simples) usando a internet, é provável que um dos endereços que apareça logo no topo da lista seja o do Wikipédia. Jimmy Wales e Larry Sanger, americanos, empresários do ramo da Internet, fundaram a Wikia, uma propriedade privada de serviço livre de hospedagem de sites criado em 2004. Os dois popularizaram o desenvolvimento da web, com acesso livre e com compartilhamento pelos usuários do Wikipédia.

Ele se tornou, imediatamente, ferramenta de várias consultas para trabalhos, mas houve a proliferação de situações embaraçosas, pois um ambiente virtual em que muitos podem dar as suas opiniões, alterar conteúdos de forma livre, pode, assim, também representar a falta de confiabilidade. Há pessoas que dizem ser incompletas e não confiáveis as informações ali presentes. Já os admiradores dizem que é a enciclopédia mais democrática e atualizada sobre assuntos de qualquer natureza. O certo é que a maioria das instituições de ensino não aceita o Wikipédia como instrumento confiável de pesquisa.

5.2.2 Estrutura do projeto de pesquisa

Um projeto de pesquisa surge da necessidade de se planejar o trabalho escolar ou a pesquisa científica, e o aluno precisa saber que ele, necessariamente, precisa ter: Tema, Introdução, Objetivos, Justificativa, Metodologia, Cronograma e Bibliografia. O conjunto do projeto de pesquisa deve ter como intenção a busca para as seguintes perguntas: o que é? Por quê? Qual é a relevância? Qual é o fundamento? Como será realizada a pesquisa? Quais são as fontes de pesquisa?

Na **Introdução** do projeto deve-se dizer um pouco sobre o tema escolhido. Algumas instituições não exigem que o projeto tenha Introdução, indo diretamente para os objetivos, portanto é bom saber qual seria a recomendação da sua instituição de ensino.

Ao falar sobre o tema deve-se ter em mente que ele não é o mesmo que o título do trabalho, mas pode ser mais longo, pois há a intenção de esclarecer o que se pretende pesquisar.

O projeto deve ter uma parte dedicada à **problematização**, que é justamente o questionamento inicial do trabalho. Depois da realização da pesquisa é que se poderá saber se a hipótese inicial foi confirmada ou não. Por exemplo:

Tema: Salários de homens e mulheres.

Problematização: Há diferença salarial entre os sexos para a mesma ocupação profissional?

A pesquisa, com suas modalidades e suporte material, é que dará a resposta ao que se propôs estudar.

Todo projeto deve necessariamente conter uma parte dedicada aos **Objetivos**, que é o espaço destinado para se dizer de forma clara e direta o que se pretende fazer e que resultado se espera alcançar. Pode-se começar com:

– Este trabalho tem por objetivo...
– O objetivo da pesquisa é...
– Com a pesquisa sobre... pretende-se...

Na parte dedicada para a **Justificativa** o aluno/autor declarará o motivo pelo qual deseja pesquisar o assunto escolhido. Deve-se falar sobre a relevância dele para a sociedade ou para um determinado tipo de comunidade.

No tópico destinado à **Metodologia**, o aluno/autor deverá dizer que método utilizará para mostrar que a sua pesquisa tem fundamento. Podem-se usar para isso: pesquisas em livros, jornais e/ou documentos; questionários para um determinado número e tipo de pessoas; entrevistas, estudo de um determinado caso ou de uma comunidade (depende muito do nível escolar frequentado). O aluno deverá especificar se sua pesquisa será qualitativa ou quantitativa. Lembrando que a pesquisa qualitativa deixa os entrevistados de forma mais livre para falarem sobre o tema que se quer pesquisar. Já a quantitativa é realizada a partir de um roteiro. Pode-se gravar as opiniões e estudar, posteriormente o material. Enquanto para a qualitativa o que importante é como se fala sobre aquele assunto, a quantitativa se preocupa em quantas vezes o assunto foi falado. Um tipo de pesquisa não exclui o outro.

Para cumprir os prazos estipulados pela instituição ou pelo professor/orientador, o projeto precisa conter um **Cronograma**, que é o espaço destinado para as etapas a serem cumpridas e em que datas elas serão feitas:

ORGANIZANDO O TRABALHO 51

Etapa	Fev	Mar	Abr	Mai	Jun	Jul	Ago	Set	Out	Nov
Apresentação do projeto	X									
Pesquisa nas fontes citadas		X	X	X	X					
Realização de entrevistas			X	X	X					
Análise das entrevistas					X	X	X			
1ª escrita							X	X		
1ª correção após leitura do professor								X	X	
Entrega final									X	
Apresentação oral										X

Ao se fazer a leitura de documentos, revistas, livros, deve-se lembrar de anotar dados como: autor, título, local, editora, ano. Se houver mais de um volume eles devem ser registrados, assim como o ano de sua publicação. Todo esse material faz parte do tópico **Referências** dentro do projeto de pesquisa.

Com a modernidade eletrônica, na pesquisa por meio da Internet deve-se anotar o URL (endereço eletrônico) e o dia, mês e ano de acesso.

5.3 Tipos de trabalho científico

Há vários tipos de trabalhos relacionados com a vida escolar. Saber identificá-los já ajuda a desvendar como devem ser feitos, como serão utilizados e que objetivos precisam ser atingidos.

Os trabalhos podem ser classificados em:

5.3.1 Trabalho de diferentes disciplinas

Apresentam dificuldade baixa ou média para sua execução. Alguns detalhes são importantes:

– Foi solicitada uma capa? A capa é única? Pode ser feita em computador? Deve ser confeccionada manualmente pelo(s) aluno(s)? O trabalho é individual ou em grupo?

A capa deve apresentar as informações básicas para o professor/avaliador: nome da instituição, título do trabalho, nome(s) do(s) componente(s), número(s) de chamada e outras informações relativas ao(s) aluno(s), de acordo com a instituição a que pertence(m).

A organização da apresentação deve obedecer a uma lógica para que o leitor (professor, avaliador etc.) perceba qual era o objetivo traçado pelo(s) aluno(s). Deve ter a Introdução, o Desenvolvimento, a Conclusão e as Referências. Trabalhos iniciais têm geralmente em torno de 5 a 7 páginas.

É muito desagradável ao professor receber trabalhos com ausência de informações e com falta de atenção ao que foi solicitado.

Trabalhos com capa devem seguir a orientação do professor, principalmente quando se trata de trabalhos iniciais, e as orientações da ABNT para os demais.

Exemplo de um trabalho inicial:

Solicitação do professor:

Trabalho sobre "O nariz", de Luis Fernando Veríssimo

Ler o conto a seguir.

O trabalho deverá conter: 1) Capa, 2) Introdução, 3) Desenvolvimento, 4) Conclusão 5) Bibliografia com os pontos abaixo:

– Uma pequena biografia do autor com suas obras e ano de publicação do conto "O nariz".

– O texto com as respostas deverá ser construído em forma de redação (não usar o modelo pergunta e resposta)

– O que motiva a narrativa?

– Quem é o narrador?

– Características dos personagens – protagonista e secundário(s)

– Qual é o conflito do conto?

– Faça uma relação das características do personagem protagonista de antes do fato e depois do fato gerador do conto.

– Faça uma relação do tema do conto com a realidade.

– Observar ortografia e concordância verbal e nominal.

O nariz – Luís Fernando Veríssimo

Era um dentista respeitadíssimo. Com seus quarenta e poucos anos, uma filha quase na faculdade. Um homem sério, sóbrio, sem opiniões surpreendentes, mas de uma sólida reputação como profissional e cidadão. Um dia apareceu em casa com um nariz postiço. Passado o susto, a mulher e a filha sorriram com fingida tolerância. Era um daqueles narizes de borracha com óculos de aros pretos, sobrancelhas e bigodes que fazem a pessoa ficar parecida com o Groucho Marx. Mas o nosso dentista não estava imitando o Groucho Marx. Sentou-se à mesa do almoço – sempre almoçava em casa – com a retidão costumeira, quieto e algo distraído. Mas com um nariz postiço.

– O que é isso? – perguntou a mulher depois da salada, sorrindo menos.

– Isto o quê?

– Esse nariz.

– Ah, vi numa vitrina, entrei e comprei.

– Logo você, papai...

Depois do almoço ele foi recostar-se no sofá da sala como fazia todos os dias. A mulher impacientou-se.

– Tire esse negócio.

– Por quê?

– Brincadeira tem hora.

– Mas isto não é brincadeira.

Sesteou com o nariz de borracha para o alto. Depois de meia hora, levantou-se e dirigiu-se para a porta. A mulher interpelou:

– Aonde é que você vai?

– Como, aonde é que eu vou? Vou voltar para o consultório.

– Mas com esse nariz?

– Eu não compreendo você – disse ele, olhando-a com censura através dos aros sem lentes. – Se fosse uma gravata nova, você não diria nada. Só porque é um nariz...

– Pense nos vizinhos. Pense nos clientes.

Os clientes, realmente, não compreenderam o nariz de borracha. Deram risadas ("Logo o senhor, doutor..."), fizeram perguntas, mas terminaram a consulta intrigados e saíram do consultório com dúvidas.

– Ele enlouqueceu?

continua

continuação

– Não sei – respondia a recepcionista, que trabalhava com ele havia quinze anos. – Nunca vi "ele" assim.

Naquela noite, ele tomou seu chuveiro, como fazia sempre antes de dormir. Depois, vestiu o pijama e o nariz postiço e foi se deitar.

– Você vai usar esse nariz na cama? – perguntou a mulher.

– Vou. Aliás, não vou mais tirar este nariz.

– Mas, por quê?

– Por que não!

Dormiu logo. A mulher passou a metade da noite olhando para o nariz de borracha. De madrugada começou a chorar baixinho. Ele enlouquecera. Era isto. Tudo estava acabado. Uma carreira brilhante, uma reputação, um nome, uma família perfeita, tudo trocado por um nariz postiço.

– Papai...

– Sim, minha filha.

– Podemos conversar?

– Claro que podemos.

– É sobre esse seu nariz...

– O meu nariz, outra vez? Mas vocês só pensam nisso?

– Papai, como é que nós não vamos pensar? De uma hora para outra, um homem como você resolve andar de nariz postiço e não quer que ninguém note?

– O nariz é meu e vou continuar a usar.

– Mas por que, papai? Você não se dá conta de que se transformou no palhaço do prédio? Eu não posso mais encarar os vizinhos, de vergonha. A mamãe não tem mais vida social.

– Não tem porque não quer...

– Como é que ela vai sair na rua com um homem de nariz postiço?

– Mas não sou "um homem". Sou eu. O marido dela. O seu pai. Continuo o mesmo homem. Um nariz de borracha não faz nenhuma diferença.

– Se não faz nenhuma diferença, então por que usar?

continua

continuação

– Se não faz diferença, por que não usar?

– Mas, mas...

– Minha filha!

– Chega! Não quero mais conversar. Você não é mais meu pai!

A mulher e a filha saíram de casa. Ele perdeu todos os clientes. A recepcionista, que trabalhava com ele havia quinze anos, pediu demissão. Não sabia o que esperar de um homem que usava nariz postiço. Evitava aproximar-se dele. Mandou o pedido de demissão pelo correio. Os amigos mais chegados, numa última tentativa de salvar sua reputação, o convenceram a consultar um psiquiatra.

– Você vai concordar – disse o psiquiatra, depois de concluir que não havia nada de errado com ele – que seu comportamento é um pouco estranho...

– Estranho é o comportamento dos outros! – disse ele. – Eu continuo o mesmo. Noventa e dois por cento do meu corpo continua o que era antes. Não mudei a maneira de vestir, nem de pensar, nem de me comportar. Continuo sendo um ótimo dentista, um bom marido, bom pai, contribuinte, sócio do Fluminense, tudo como antes. Mas as pessoas repudiam todo o resto por causa deste nariz. Um simples nariz de borracha. Quer dizer que eu não sou eu, eu sou o meu nariz?

– É... – disse o psiquiatra. – Talvez você tenha razão...

O que é que você acha, leitor? Ele tem razão? Seja como for, não se entregou. Continua a usar nariz postiço. Porque agora não é mais uma questão de nariz. Agora é uma questão de princípios.

1) Capa

EDUCANDÁRIO REGENTE AMÉRICO LOPES
DE ALMEIDA

Alunos: Cleiton Nogueira Silva
Elisabete Louise Morgan
Vera Lucia de Sousa

ANÁLISE DO CONTO:
O NARIZ – DE LUÍS FERNANDO VERÍSSIMO

São Paulo
Outubro de 2014

2) Introdução

O trabalho é baseado na crônica de Luis Fernando Veríssimo. Ele nasceu em 26 de setembro de 1936, em Porto Alegre, Rio Grande do Sul. É filho do escritor Érico Veríssimo. É casado e tem três filhos.

Sua formação é de Jornalista, tendo iniciado na profissão no jornal Zero Hora, em Porto Alegre, em fins de 1966. Em 1975, em virtude da fama obtida com seus escritos nos jornais, publicou o livro *A Grande Mulher Nua*, uma coletânea de seus textos.

Participou também da televisão, criando quadros para o programa "Planeta dos Homens", na Rede Globo e para a série "Comédia da Vida Privada", baseada em livro homônimo.

Escritor atuante, são de sua autoria, entre outros, *O Popular, A Grande Mulher Nua, Amor Brasileiro*, publicados pela José Olympio Editora; *As Cobras e Outros Bichos, Pega pra Kapput!, Ed Mort em "Procurando o Silva", Ed Mort em "Disneyworld Blues", Ed Mort em "Com a Mão no Milhão", Ed Mort em "A Conexão Nazista", Ed Mort em "O Sequestro do Zagueiro Central", Ed Mort e Outras Histórias, O Jardim do Diabo, Pai não Entende Nada, Peças Íntimas, O Santinho, Zoeira, Sexo na Cabeça, O Gigolô das Palavras, O Analista de Bagé, A Mão Do Freud, Orgias, As Aventuras da Família Brasil, O Analista de Bagé, O Analista de Bagé em Quadrinhos, Outras do Analista de Bagé, A Velhinha de Taubaté, A Mulher do Silva, O Marido do Doutor Pompeu, A Mesa Voadora, Traçando Paris*.

Teve também textos de ficção e crônicas publicadas nas revistas *Playboy, Cláudia, Domingo* (do *Jornal do Brasil*), *Veja*, e nos jornais *Zero Hora, Folha de S. Paulo, Jornal do Brasil* e no jornal *O Globo*.

Extremamente tímido, foi homenageado por uma escola de samba de sua terra natal no carnaval de 2000.

A crônica "O nariz" foi publicada inicialmente em 1981 e depois em 2003. O texto pertence a um gênero de fácil leitura e tem a sua origem em textos jornalísticos. A crônica agrada aos leitores por se tratar de textos curtos e para acompanhar os acontecimentos do dia a dia.

A linguagem do conto aproxima-se da linguagem oral.

3) Desenvolvimento

A narrativa é motivada pela volta do dentista, ao lar, com um nariz de borracha.

O narrador é onisciente, em 3ª pessoa, mas em um trecho ele tem uma participação na história através de um comentário: "Mas o nosso dentista não estava imitando o Groucho Marx".

Os personagens não têm características complicadas: o dentista é mostrado como sério, sisudo, homem respeitado. A esposa não aparece com características visíveis, mas após ter visto o marido dormindo com o nariz de borracha, percebe-se que ela ficou preocupada com o que as outras pessoas diriam, e isso a deixou transtornada, demonstrando que ela era uma pessoa muito tradicional na sua forma de agir.

O psiquiatra, que aparece no texto, também não apresenta características fáceis de serem identificadas. Para ele não havia nada de estranho com o dentista.

A filha parece ser carinhosa, pois chama o dentista de "papai".

O conflito do conto é justamente o nariz que, de repente, passa a ser usado pelo dentista e ele não quer de forma alguma retirá-lo.

O narrador fala que o dentista continua a ser a mesma pessoa, mas mesmo assim todos o abandonam.

Não dá para saber o que aconteceu com o dentista para ele ter esta atitude. Pode-se imaginar que, como ele levava uma vida séria, ele quis chamar a atenção dos outros para si mesmo.

4) Conclusão

A crônica é bem interessante, pois permite ao leitor refletir sobre padrões impostos pela sociedade e como não se dá conta disso.

O autor também foi muito esperto ao pedir para o leitor dar a sua opinião no final da crônica: "O que é que você acha, leitor? Ele tem razão? Seja como for, não se entregou. Continua a usar nariz postiço. Porque agora não é mais uma questão de nariz. Agora é uma questão de princípios". Com isso ele espera que todos respondam e, assim, cria-se a polêmica sobre vários assuntos: tatuagem, tintura no cabelo, tipo de roupa, local em que se mora etc.

Nesse mesmo trecho o autor dá uma resposta, mas levanta a curiosidade para saber o que são "princípios".

É possível pegar vários fatos da realidade e fazer comparativo com a crônica. Dia 5 de setembro de 2014 foi noticiado pela imprensa que "pessoas vestidas como executivos, porém de olhos vendados e banhados em barro atraíram olhares curiosos no Centro de Vitória, na tarde desta sexta-feira (5). A intervenção denominada 'Cegos' faz parte do circuito Palco Giratório do SESI e tem como objetivo a alusão a pessoas de poder que estão cegas, sujas e lentas. De acordo com a diretora de performance Priscilla Toscano, o projeto envolve ética corrompida, eixo político e religioso da sociedade. 'É uma obra aberta a diversas leituras, as pessoas não enxergam questões óbvias que nos cercam, em um exemplo atual, o cidadão que vota e não acompanha, mas critica o governo que nós elegemos', explica Priscilla Toscano".

Só que na crônica não é mostrado ao leitor o objetivo daquela mudança e por que foi tão forte a ponto do protagonista perder tudo.

Com a crônica pode-se concluir que na realidade as situações não são muito fáceis de serem lidadas, pois há um hábito muito estranho de ficarem julgando uns aos outros. Há também as brincadeiras e gozações. O grupo acha que cada pessoa deve agir de acordo com a sua vida e saber se tem condições emocionais de aguentar comentários, gozações, brincadeiras e exclusões que, em muitos casos, vêm, com certeza.

5) Bibliografia

http://www.folhavitoria.com.br/geral/noticia/2014/09/intervencao-urbana-no-centro-da-capital-atrai-olhares-curiosos.html. Acesso em: 5 jul. 2015.

http://contobrasileiro.com.br/?p=2029: Acesso em: 5 jul. 2015.

http://www.estudopratico.com.br/vida-de-luis-fernando-verissimo/ Acesso em: 5 jul. 2015.

5.3.2 Trabalho de iniciação científica

O termo pode parecer um pouco estranho, mas ele apenas representa a possibilidade de pesquisa para iniciantes.

Sua característica é permitir ao estudante um estudo mais avançado sobre um determinado assunto.

Em geral espera-se que ele faça uma busca maior com o objetivo de um aprendizado mais amplo, mas não se pode querer que já atinja a perfeição, pois trata-se, como o próprio nome diz, de "iniciação".

Nestes casos o aluno conta com um professor/orientador que irá acompanhar os passos de sua pesquisa e os avanços conquistados.

Há muitas instituições de ensino que, desde cedo, já ensinam seus alunos a participar da iniciação científica, o que traz um enorme benefício, promovem estudos, pesquisas, montagem de feiras, exposição de trabalhos com o único objetivo de despertar em seus estudantes o gosto pelo tema.

Para tanto, utilizam propostas interessantes para motivar os alunos nas pesquisas. Exemplo:

> **Temas da pesquisa:** Os fortes nem sempre vencem.
>
> **Foco da pesquisa:** Fazer um comparativo entre pequenos e grandes animais.
>
> **Animais selecionados:** ácaros, pulgas e besouros X leões, zebras e rinocerontes.
>
> **Objetivo:** estudar cada espécie e buscar a resposta para a questão-problema: aqueles que aparentam ser mais fortes realmente o são?

Na vida real encontramos diversas pessoas que saíram do anonimato graças ao seu desempenho na busca de respostas para as suas questões. Muitas, com o seu estudo e descoberta, ajudaram milhares a viver de uma forma melhor.

Pode-se citar Marie Curie (1867-1934), com sua persistência e obstinação se expondo a altos riscos com a radioatividade, que descobriu os elementos químicos rádio e polônio. Graças ao seu empenho, muitos doentes de câncer podem buscar a cura para a doença. Se não tivesse se iniciado em ciências, em um tempo em que poucas mulheres chegavam às universidades, nada disso teria sido descoberto. Outros estudiosos que contribuíram com a humanidade:

Ernest Rutherfor (1871-1937) – descobertas ligadas à química.
Glenn Seaborg (1912-1999) – descobriu o plutônio.
John Dalton (1766-1844) – deu origem à primeira teoria atômica.
Antonie Lavoisier (1743-1794) – química moderna.
Paracelso (1493-1541) – descobriu a cura de doenças como a sífilis.
Albert Einstein (1879-1955) – Teoria da Relatividade.
Louis Pasteur (1822-1895) – vacinas e a pasteurização.
Isaac Newton (1643-1727) – Lei da Gravitação Universal.
Rita Levi-Montalcini (1909-2012) – estudos sobre o sistema nervoso.
Cesar Lattes (1924-2005) – codescobridor do "meson pi", que auxiliou no desenvolvimento da física atômica.
José Reis (1907-2002) – jornalista especializado em divulgação da ciência, editor e escritor, um dos fundadores da Sociedade Brasileira para o Progresso da Ciência (SBPC).
Darcy Ribeiro (1922-1997) – com ele iniciam-se os estudos sobre antropologia das civilizações. Sua vida foi dedicada aos estudos indígenas e de outros povos. Criação de universidades.
Osvaldo Cruz (1872-1917) – estudioso das moléstias tropicais e da medicina experimental no Brasil.
Carlos Chagas (1879-1934) – médico sanitarista, cientista e bacteriologista, atuante no combate à malária.
Celso Furtado (1920-2004) – economista. Desenvolveu ideias que enfatizaram o papel do estado na economia.
Jacques Vaucanson (1709-1782) – inventor. Criador de androides sofisticados, do tubo de borracha, da profissão de tecelão, da corrente sem fim.

Podem chamar a atenção alguns nomes que, de certa forma, não estejam ligados à ciência propriamente dita e aparecem na lista, mas o termo refere-se ao conhecimento, à busca de respostas que envolvem a sociedade. Há estudiosos que se preocupam em estudar como é feita a produção científica, como é o caso de Carina Pascotto Garroti, que fez sua dissertação de mestrado, em 2014, sobre a Semana Nacional de Ciência, ressaltando este aspecto na produção científica brasileira. Embora trate-se de uma dissertação de mestrado, o assunto se encaixa perfeitamente quanto ao aspecto de se produzir ciência:

> Criada em 2004, a Semana Nacional de Ciência e Tecnologia (SNCT) é resultado do avanço da crescente produção científica brasileira e do reconhecimento do país como um novo player internacional. Embora seja visível o interesse da população pela área, esse interesse nem sempre é acompanhado pela necessária compreensão pública da Ciência. Ao entrar na agenda pública governamental e se tornar um programa oficial de governo, o programa de popularização da ciência permite ampliar e diversificar as atividades de divulgação científica para a sociedade brasileira, inserindo o grande público no debate nacional sobre avanços, benefícios e riscos da CT&I. Esta dissertação recupera a história da evolução da Semana, que passou de 1.848 atividades e 252 municípios em sua edição inicial (2004) para 33.555 atividades e 739 municípios em 2013 [...]. A pesquisa concentrou-se nas atividades da cidade de São Paulo, responsável por 51% da produção científica nacional e detentora das principais universidades públicas do país (estaduais e federais) [...]. De um total de 28.148 atividades no país, 741 aconteceram no estado de São Paulo e 329 na capital. Os dados coletados indicam reduzido número de atividades no município, perante sua importância científica. Revelam, também, concentração das atividades em poucas instituições e com público essencialmente escolar. A pesquisa aponta, ainda, aspectos positivos e negativos da Semana realizada ainda quase que integralmente com recursos públicos. Apesar dos resultados positivos da SNCT, muito ainda precisa ser feito para que a divulgação científica seja de fato incorporada à prática cotidiana das instituições de pesquisa, sejam elas públicas ou privadas, bem como objeto de

reflexão permanente no âmbito escolar para a formação de uma cultura científica cidadã, numa perspectiva crítica e analítica (GARROTI, 2014, p. ix, x).

Há uma lista enorme de pessoas que se dedicaram ao bem da humanidade e, ainda, podem servir de inspiração para aqueles que querem seguir seus passos, ou mesmo compreender que a ciência está aí com todas as possibilidades e pronta para aqueles que se disuserem a pesquisá-la.

Os trabalhos dentro dessa modalidade devem ser feitos com o máximo de cuidado, observando as regras estabelecidas pela instituição de ensino ou pelo professor orientador.

5.3.3 Trabalho Monográfico para Conclusão do Ensino Médio

É um trabalho acadêmico escrito sobre um único tema e que obedece a uma metodologia específica.

Algumas instituições de ensino médio solicitam ao aluno a confecção de um projeto, que será a base para a pesquisa e a execução do trabalho.

– Também, no projeto, deverão ser definidos os objetivos.
– Toda monografia precisa apresentar as referências utilizadas.

5.3.4 Trabalho de Conclusão de Curso (TCC)

É feito por alunos universitários ou de cursos de aperfeiçoamento ou especialização que se preparam para a finalização nesta etapa de ensino. Em geral a instituição escolar já tem, em seu regulamento, a exigência deste tipo de trabalho como critério de avaliação final. Ele pode ser feito individualmente ou em grupo e culmina com a apresentação diante de uma banca de professores da instituição.

5.3.5 Dissertação de mestrado

Para alunos que já acabaram a faculdade e que almejam a obtenção de grau de mestre. Uma de suas características é que está voltada para a pesquisa científica e o aluno escreve sobre o resultado que alcançou, no final de dois anos de curso, aproximadamente, e então entrega a sua dissertação de mestrado.

A partir de uma situação problema o pesquisador/aluno vai em busca da ideia que o motivou a iniciar a pesquisa e, para tanto, deve seguir o formato descrito na regulamentação da instituição escolar a que pertence.

Alguns alunos, em geral, dos anos finais do 1º grau ou em anos do ensino médio podem confundir-se ao ver os termos **dissertação de mestrado** e **dissertação escolar** (comumente chamada de redação). Enquanto o primeiro tem um percurso de aprendizado voltado para a parte científica, o segundo apenas retrata a exposição e defesa de ideias dentro de um texto.

Há no universo das dissertações de mestrado diversas formas de se buscar o conhecimento. Só para ilustrar o assunto e perceber as várias possibilidades de pesquisa, alguns exemplos de trabalhos defendidos.

> Alguns assuntos/títulos de dissertações defendidas na Universidade de São Paulo – Faculdade de Letras – Departamento de Letras Modernas no ano de 2013:[7]
>
> – Como os jogos podem revelar outras dimensões do trabalho do professor de língua estrangeira?
>
> – Candide na tela de Vera Cruz (um estudo de Candinho, de Abílio Pereira de Almeida).
>
> – Tropismes (Nathalie Sarraute): uma poética insólita.
>
> – Francês – Língua estrangeira *on-line*: o papel do professor na concepção e realização de um curso em uma plataforma síncrona.
>
> – Ler e escrever: Bouvard et Pécuchet e a multiplicação da escrita.

---
[7] Dissertações de Mestrado Defendidas de 1998 a 2013: Disponível em: <http://dlm.fflch.usp.br/node/130>. Acesso em: 5 jul. 2015.

5.3.6 Tese de doutorado

Seu objetivo é a obtenção do grau de doutor. O candidato deverá defender uma ideia, algo que seja considerado uma descoberta para o avanço da ciência, da sociedade ou extremamente importante para a área do conhecimento.

O doutorado é longo e pode durar de quatro a cinco anos, e a escrita da tese deve ser original e de grandes minúcias sobre a técnica de apresentação.

5.4 Formas de avaliação da banca examinadora

Inicialmente é importante dizer que a banca examinadora refere-se aos professores que farão a avaliação dos trabalhos a serem apresentados. Em algumas instituições a banca que avalia a parte escrita não é a mesma que avalia a parte oral, portanto, nesses casos o aluno é avaliado em dois momentos distintos.

Na parte escrita, dentro dos tópicos que deve conter o trabalho, o(s) avaliador(es) buscará(ão) entender como o aluno organizou o seu trabalho, se está escrito dentro das normas da língua portuguesa e se está formatado de acordo com as normas da ABNT.

Já na apresentação oral, o(s) aluno(s) deve(m) demonstrar que seu trabalho é organizado, que há domínio do conteúdo e que sabe(m) comunicar-se de forma clara e objetiva. Algumas instituições permitem o uso de recursos audiovisuais, mas isto não significa deixar de se preparar. Trata-se, apenas, de um auxílio para facilitar a concatenação das ideias e para tornar a exposição mais interessante. Bons recursos tecnológicos, sem o preparo pessoal necessário, nunca dão bom resultado.

5.5 Alguns termos utilizados nos trabalhos escolares

Para a realização dos trabalhos escolares, há necessidade de se conhecer certos termos cujos significados podem causar, aos alunos iniciantes, certa dificuldade de entendimento e utilização. Alguns deles:

– **Apontar soluções para as hipóteses** – O estudante, ao defender as ideias contidas em seu trabalho, precisa se tranformar no interlocutor delas, apresentando solução para as hipóteses levantadas. Exemplo: se o trabalho está voltado para a crise hídrica, o aluno precisa buscar hipóteses para a possível solução do problema, que não acontece sem estudo, sem a construção de bons argumentos, sem a busca efetiva da resolução do que foi levantado.

– **Apresentar argumentos** – É mostrar a defesa de uma ideia. Pode-se entender melhor esse conceito a partir de um exemplo caseiro simples: um jovem quer sair e vai solicitar permissão aos seus pais. Neste momento ele utilizará toda uma gama de razões para convencê-los a deixar fazer o que pretende. A isso se chama "argumento". Na escrita é a mesma coisa: é preciso convencer o leitor de que a ideia do seu trabalho é boa, e foi baseada em argumentos fortes e precisos.

Alguns tipos de **argumentos** devem ser usados de acordo com o objetivo a ser atingido.

Tipos de argumentos

1. Argumento de Autoridade

É usado quando se busca amparo no conhecimento de uma fonte confiável e/ou conhecida sobre um determinado assunto. Quem expôs a ideia original, em geral, é pessoa renomada e conceituada na sociedade.

Ao usar um frase de outro autor, cuja citação seja curta, deve-se usar aspas e identificá-la, de forma a não deixar dúvida quanto à autoria. Veja mais sobre citações no item 7.4 Formatação.

Entre um desconhecido curioso que se manifesta sobre medicina e um médico especialista, a palavra de quem entende é sempre mais acreditada.

Por exemplo: pode-se observar o posicionamento do famoso médico Dr. Drauzio Varela, disponível em seu site[8] "A propaganda do cigarro":

---

[8] A propaganda do cigarro. São Paulo, 25 set. 2009. Disponível em: <http://www.drauziovarella.com.br/artigos/cigarro_propaganda.asp>. Acesso em: 5 jul. 2015.

A lei que restringe a propaganda de cigarro a ambientes internos, bares e boates, por exemplo. Além disso, proíbe o patrocínio das indústrias de tabaco a eventos culturais e esportivos e a venda de cigarros a menores de dezoito anos. Não torna o cigarro ilegal, não aumenta os impostos, não obriga a indústria a arcar com os gastos de saúde das vítimas do fumo (como estão fazendo os americanos), não pune as agências por propaganda enganosa, apenas proíbe a publicidade. Só impede que as imagens de homens de sucesso, garotas livres e deslumbrantes e esportes radicais sirvam para criar nas crianças a vontade de fumar e, ingenuamente, cair nas garras da dependência química mais escravizante de todas as que existem.

2. Argumento de Causa e Consequência

Este tipo de argumento é utilizado quando se sabe a causa do problema e assiste-se a consequência ou pode-se prevê-la. Exemplo:

"A causa principal da migração nordestina é a seca e a consequência é que centros urbanos recebem muitos nordestinos e nem sempre estão preparados com infraestrutura para recebê-los."

A causa seria o motivo e a consequência seria o efeito.
Há expressões que são indicadoras de causa e consequência:

– causa: por causa de, graças a, em virtude de, em vista de, por motivo de.

– consequência: consequentemente, em decorrência, como resultado, efeito de.

3. Argumento de Ilustração

Pode ser chamado argumento de exemplificação e consiste na exposição do relato de um acontecimento, sendo ele real ou não. Pode ser usado quando a ideia defendida é muito teórica e precisa de citações para torná-la mais compreensível. Exemplo:

A iminência de um perigo não afasta as pessoas de se aproximarem dele. Em geral o descuido toma conta de grupos, indivíduo, e quando se percebe, a tragédia está instalada e as consequências, visíveis, como é o caso da tragédia da boate Kiss:

em Santa Maria (RS), que já matou 231 jovens, é resultado da somatória de erro, omissão, irresponsabilidade e ganância. Mas, ao que tudo indica, o desencadeador foi um artefato ou artifício pirotécnico: sinalizador, segundo alguns, sputnik, conforme outros.

Segundo a *Folha de S. Paulo* de hoje, as normas para uso de fogos em lugares fechados dependem de estados e municípios. Em Santa Maria, de acordo com o jornal, "a lei não proíbe o uso de fogos de artifício em locais fechados".

Porém, o mesmo não vale para o estado de São Paulo. Só na cidade de São Paulo existem 2.000 casas noturnas.

Artifício pirotécnico, segundo a instrução 30 do Corpo de Bombeiros do estado de São Paulo, é a designação comum de peças pirotécnicas preparadas para transmitir a inflamação e produzir luz, ruído, incêndios ou explosões, com finalidade de sinalização, salvamento ou emprego especial em operações de combate.

[...]

"Aqui em São Paulo é proibido o uso de fogos de artifício em ambientes fechados", afirma o capitão Marcos Palumbo, chefe do setor de Comunicação do Corpo de Bombeiros. "Não há excepcionalidade".

Para o capitão, mesmo que a legislação não proibisse, o bom senso manda não usar fogos de artifício, de qualquer tipo, em ambientes internos: "Se a gente regula e faz uma série de exigências para o uso em final de ano, na Avenida Paulista, por exemplo, imagine num ambiente fechado, com muita gente".[9]

4. Argumento de Provas Concretas ou Princípio

Ao se empregarem os argumentos baseados em provas concretas, busca-se revelar as evidências por meio de informações concretas, extraídas da realidade. É utilizado ou para expor o ponto de vista ou para contestar. Podem ser usados dados, estatísticas, percentuais ou fatos notórios (de domínio público).

Deve ser usado com cautela, pois esses dados podem ter como característica a falsidade, como objetivo de convencer o outro. Exemplo:

Publicação de uma estatística manipulada com o objetivo de eleger um candidato a cargo político.

---

[9] Disponível em <http://www.viomundo.com.br/voce-escreve/bombeiros-em-sao-paulo-e-proibido-o-uso-de-fogos-em-ambientes-fechados.html>. Acesso em: 26 set. 2015.

5. Argumento por Evidência

É utilizado quando é incontestável o que se diz, pois se pode provar por fatos, acontecimentos a sua ocorrência. Em relação ao material que se apresenta como evidência, é preciso ressaltar que para cada assunto haverá um tipo de prova. Se o trabalho tratar de questões literárias é neste campo que as encontrará. Se for sobre assuntos biológicos é nesta área que estará o que se procura. E assim sucessivamente. Pode-se usar para provar a evidência do fato: livros, sites, fotos, gráficos, tabelas, entrevistas em jornais e revistas, experimentos científicos, estudos comprovados etc.

6. Argumento por Comparação (analogia)

No argumento por comparação pretende-se convencer o outro através de fatores como semelhança existentes entre o ponto de vista que se quer defender e alguma situação já ocorrida. Exemplo:

COMPARATIVO DO PREÇO DO INGRESSO BRASIL X DEMAIS PAÍSES

País	Preço de Ingresso Moeda Local (1)	Preço Equivalente			Renda Per Capita do país – US$ ano (2)	Nº de Ingressos que se pode adquirir com a renda *per capita*	Média de público no último campeonato Nacional
		Em R$	Em US$	Em Euros			
Brasil	38	38,00	19,12	14,75	12.340	**645**	12.983
Espanha	28	71,62	36,04	27,80	28.976	**804**	28.796
Itália	29	74,71	37,60	29,00	32.522	**865**	22.466
Turquia	21	23,42	11,79	9,09	10.457	**887**	14.113
México	140	22,53	11,34	8,74	10.123	**893**	25.628
Reino Unido	28	84,21	42,38	32,69	38.591	**911**	34.600
Portugal	16	42,25	21,26	16,40	19.768	**930**	10.947
Argentina	60	23,44	11,80	9,10	11.573	**981**	18.112
Chile	5.500	23,10	11,63	8,97	15.416	**1.326**	-
Costa Rica	3.400	13,52	6,80	5,25	9.519	**1.414**	13.366
França	19	48,69	24,50	18,90	40.690	**1.661**	18.870
Estados Unidos	27	54,34	27,35	23,10	43.802	**1.821**	19.586
Uruguai	150	15,86	7,98	6,15	14.707	**1.843**	-
Alemanha	17	43,79	22,04	17,00	41.168	**1.868**	45.116
Holanda	17	44,82	22,56	17,40	45.942	**2.037**	19.466
Japão	2.200	45,54	22,92	17,68	45.896	**2.045**	17.701
MÉDIA	–	–	–	–	–	**1.308**	21.554

(1) Preços médios dos ingressos inteiros, sem promoções, em jogos não decisivos; (2) Renda Per Capita anual a preços correntes, referente a 2012.
Fontes: PLURI Consultoria Banco Central do Brasil. FMI. Disponível em: <http://www.pluri-consultoria.com.br>. Acesso em: 24 set. 2015.

> Com base na tabela é possível escrever um texto ressaltando pontos positivos e negativos e provando que a ideia (tese) que se defendeu estava correta.
>
> **Pontos fracos nas argumentações**
>
> – "Achismo" – argumentar sem fundamento e avaliar segundo suas próprias convicções. Não possuir uma fonte segura e simplesmente "achar".
>
> – Falta de rigor crítico – expor as ideias de forma aleatória, sem uma análise mais consistente.
>
> – Agir por intuição – é o mesmo que agir por impulso.
>
> – Julgamentos superficiais sobre o problema – argumentar sem uma análise mais criteriosa.
>
> – Uso de chavões para justificar o pensamento (homem não chora; viveram felizes para sempre; não poderia deixar de escrever sobre...; não é para menos; ledo engano etc.).
>
> – Posicionamentos que parecem ser de senso comum, mas não possuem validade e podem ser preconceituosos e sem fundamentos. Exemplo: Deus é brasileiro; ninguém trabalha na Bahia; na primeira vez o mundo acabou em água, na próxima, acabará em fogo; o amor é a solução para todos os problemas etc.
>
> – Não saber que algumas expressões podem ser usadas para divergir de opiniões: em contrapartida; se por um lado... por outro; enquanto uns afirmam... outros dizem que... etc.

- **Contribuição valiosa** – Refere-se a colocar dentro do texto uma informação ao leitor, permitindo uma reflexão sobre o tema abordado e possibilitando uma ferramenta a mais para ampliar o seu modo de pensar.
- **Criatividade** – A criatividade é uma das características principais do ser humano e ele a utiliza quando quer inventar uma nova forma de dizer ou fazer coisas que todos executam da mesma maneira. Em textos, a criatividade fica por conta de defender uma ideia ou escrever sobre um tema que, até então, ninguém havia pensado. Há trabalhos que primam pela originalidade e criatividade, já ganhando pontos por esta perspectiva.
- **Defender uma ideia** – Está ligado à escolha do tema e da forma como se pretende expô-la ao avaliador. Defender uma ideia é crer na pesquisa que se está realizando.

- **Descobertas** – Refere-se ao sentimento de novidade que se tem sobre o trabalho, à medida que se vai avançando nas pesquisas. "Descobrir" traz ao pesquisador um sentimento de conquista.
- **Exaustiva pesquisa** – É a forma sistemática com que o aluno pesquisador irá agir em seu trabalho. Significa pesquisar várias vezes, de modos diferentes, até esgotar as possibilidades de encontrar respostas. A palavra "exaustiva" não está ligada ao cansaço, mas à busca de soluções para o problema.
- **Extrair inferências** – Para se extrair inferências é preciso saber que inferir significa deduzir ou concluir uma ideia, a partir da análise de fatos. Veja exemplos nas tirinhas a seguir:

Na 1ª tirinha é possível inferir que as mães têm as soluções para todos os problemas e resolvem tudo. Já na 2ª tirinha é possível inferir, pelo diálogo, que uma situação desagradável está prestes a ocorrer.

- **Fruto de estudos** – Trata-se do resultado da pesquisa. É o momento em que o pesquisador, ao finalizar o seu trabalho, per-

cebe o resultado do seu trabalho, movido por muita busca, leitura, escrita e reescrita.
– **Intuito de** – É uma forma similar de "objetivo de". Pode ser usado dentro do texto ou no momento da explicação do objetivo do trabalho/pesquisa.
– **Levantar a hipótese** – Primeiramente é importante saber o que vem a ser hipótese. É uma ideia provisória sobre um determinado assunto. A partir da hipótese, o pesquisador vai em busca de elementos que podem ou não provar a ideia inicial sobre o assunto.
– **Método** – Significa o caminho, roteiro, forma que o estudante/pesquisador irá seguir para chegar, de forma positiva, ao final do seu trabalho.
– **Objetivo** – Pode ser definido como sendo a meta ou o ponto final aonde o pesquisador quer chegar. Em geral, o objetivo é estabelecido pelo próprio estudante dentro do seu projeto de pesquisa.
– **Originalidade** – é uma ideia própria que leva a uma pesquisa que, até então, nenhuma outra pessoa tinha realizado.
– **Pesquisa empírica** – Está relacionada com a parte prática ou experimental dentro da pesquisa. Se o tema for, por exemplo, "A fome no mundo", a pesquisa poderá partir de locais onde haja pessoas que vivenciam ou vivenciaram a fome em seu cotidiano. Esta pesquisa provavelmente dará o embasamento para fundamentar o que se pretendia ao escolher o tema.
– **Pesquisar** – É investigar com o objetivo de descobrir novos conhecimentos, ajudar a tirar conclusões sobre um assunto ou uma área específica. A pesquisa envolve vários estágios para a sua ação. Pode-se fazer uma pesquisa simples, por exemplo, sobre "Como vivem as tartarugas no Projeto Tamar" ou ampliá-la e descobrir, como nos anos 1970, a pesquisa sobre as tartarugas deu margem a um grande projeto de preservação ambiental.[10]
– **Problema de pesquisa** – São muitos os problemas que podem ocorrer com trabalhos, em suas diversas modalidades. Pode-se ter escolhido o tema errado e no decorrer da pesquisa deparar com material insuficiente para concluir o objetivo. Ou pode-se perceber que o tema escolhido é muito amplo e

---
10 Projeto Tamar. Disponível em: <http://www.tamar.org.br/>. Acesso em: 5 jul. 2015.

não houve por parte do pesquisador (às vezes do orientador) um olhar mais apurado para detectar que não seria possível a pesquisa. Por isso um projeto bem elaborado, o recebimento de uma boa assistência por parte do orientador e a pesquisa prévia sobre o tema podem evitar vários dissabores.

– **Processo de análise** – É a forma como se conduz a avaliação do que foi produzido pelo aluno/pesquisador. Diante do trabalho oferecido ele tem condições de verificar se o aluno cumpriu, de forma eficaz, o que foi solicitado e o que havia se proposto a fazer.

– **Testes de comprovação** – Estão ligados aos trabalhos do tipo tese, que requer comprovação, de forma eficiente, do que foi proposto, para a validação do trabalho.

– **Reflexão aprofundada** – Os seres humanos são seres pensantes e ao executarem pesquisas se veem diante da possibilidade de refletirem com maior profundidade sobre o que estavam pesquisando. A reflexão aprofundada deve levar o estudante/pesquisador a um nível maior de conhecimento.

– **Refutação** – É a forma de rebater os argumentos de alguém e utilizar, para isso, provas inegáveis. A refutação dentro do trabalho está justamente para combater uma possibilidade que era vista como certeza, sendo boa ou má. Exemplo: dentro do trabalho/pesquisa crer que um determinado tipo de alimento é prejudicial ao ser humano e depois ter a prova irrefutável de que isso não era verdade.

– **Rigorosidade científica** – É pesquisar, buscar e se adequar às normas de cada trabalho/pesquisa. Não se pode agir de forma primária com trabalhos que requerem inflexibilidade ou rigidez em sua pesquisa e que exigem conhecimento de normas técnicas para a sua adequação, tanto para a escrita como para a apresentação oral.

– **Temas** – Estão ligados ao gosto do estudante/pesquisador quando estão em estágio avançado de ensino. Para os alunos menos experientes, em geral, a escolha é feita pelo professor/orientador, tendo em vista a pouca escolaridade deles. Temas devem ser relevantes para a pesquisa e para o conhecimento. Devem ser atrativos e interessantes.

– **Trabalho científico** – É feito de forma dissertativa, utilizando argumentos para defender uma tese e, consequentemente, apresenta uma solução para o problema apresentado.

6. Enfrentando os desafios do trabalho escolar

a) Quando é possível a escolha do tema do trabalho escolar

Quando se faz uma escolha "não muito boa" sobre o tema de um trabalho, o único recurso é enfrentar a situação de forma firme e sem se apoiar em desculpas e fugas.

Alguns assuntos são desagradáveis de ser pesquisados, principalmente quando não se referem ao gosto de quem vai fazê-lo. Exemplo: gosta-se muito de história, mas se escolheu pesquisar sobre "A formação da língua portuguesa" ou gosta-se muito de ciências e o outro grupo ficou com o tema que se queria: "embriologia humana". É claro que já se começa a pesquisa de forma desanimada. Daí a importância de escolher, quando possível, um tema com o qual se identifique.

b) Quando não é possível a escolha do tema do trabalho escolar

Diante da impossibilidade de escolher o tema é preciso, durante a busca de dados, encontrar formas de simpatizar com o assunto e, assim, poder produzir da melhor forma.

Como isso seria possível? Lendo muito sobre o tema e percebendo que sempre se pode aprender, mesmo que seja sobre conteúdos que, à primeira vista, possam parecer "chatos".

Manter estados de mau humor, de raiva, esbravejar, falar mal, não auxilia na execução de um trabalho escolar. Há um momento em que é necessário se acalmar e dizer a si mesmo: "É o que precisa ser feito? Então, assim, será!".

c) Problemas com a organização escolar do trabalho escolar

Muitos problemas nos trabalhos em grupo começam logo na distribuição das tarefas que cada um irá fazer. Para melhor organização é bom criar uma lista:

ITEM	DATA REUNIÃO	TAREFA	RESPONSÁVEL	DATA FINAL
1	20 FEV.	Cada componente fará uma pesquisa sobre os temas possíveis	João, Anderson, Fabiana e Célia	20 FEV.
2	27 FEV.	Decidir o tema e dividir tarefas	João, Anderson, Fabiana e Célia	27 FEV.
3	27 FEV.	Solicitar esclarecimentos com o professor sobre formas de pesquisa	Anderson e Célia	03 ABR.
4	06 MAR.	Separação de capítulos para cada um	Todos	Até 15 ABR.

Distribuídos as tarefas e os prazos, cada componente deve se esforçar para realizar a etapa que lhe coube.

É evidente que ao se tratar de trabalhos escolares em grupo todos devem acompanhar o que acontece com os colegas. Às vezes é possível ocorrer pequenos impedimentos individuais, então os colegas devem se prontificar no auxílio daquele que está em situação difícil. Exemplo: um dos componentes precisava fazer uma determinada pesquisa, mas a mãe adoeceu e toda a família ficou envolvida na questão e as tarefas escolares ficaram comprometidas. Neste momento, é claro que o grupo deve ajudar o colega e prestar-lhe solidariedade.

d) A organização final do trabalho escolar

A **Introdução** é a parte inicial do trabalho escrito, mas pode ser feita depois de o trabalho de pesquisa ter sido concluído, pois assim terá a possibilidade de registrar com exatidão o que fez; como pesquisou e que resultado obteve.

Ao diagramar o trabalho, deve-se seguir as orientações da ABNT (Associação Brasileira de Normas Técnicas).

Para a organização dos capítulos ou subcapítulos pode-se imaginar o trabalho como se fosse o trajeto de uma viagem longa com diversas paradas. Cada uma representa um novo capítulo ou subcapítulo. O objetivo é fazer o leitor entender sobre o que se pensava ao escrever sobre aquele tema.

Os capítulos ou subcapítulos precisam se relacionar uns com os outros. É uma sequência de ideias únicas e exclusivas que pertencem a quem as idealizou. Prova disso é que se o professor der o mesmo tema para diversos alunos, a forma como cada um organizará o trabalho será muito diferente.

Não se pode esquecer as informações relevantes sobre o trabalho, como a Justificativa, os Objetivos, a Metodologia, os autores que foram utilizados, a problematização, as hipóteses, a subdivisão dos trabalhos, caso haja.

Um bom trabalho requer dedicação, paciência e vontade de atingir os objetivos propostos pelos professores / orientadores.

7. Conhecendo as normas técnicas para elaboração do trabalho escolar

Em 1940 é fundada a Associação Brasileira de Normas Técnicas (ABNT), que é o órgão responsável pela normatização técnica no país, fornecendo a base necessária ao desenvolvimento tecnológico brasileiro. É uma entidade privada, sem fins lucrativos.

Os trabalhos da ABNT, atualmente, são desenvolvidos por 58 Comitês Brasileiros e sua missão é:

> prover a sociedade brasileira de conhecimento sistematizado, por meio de documentos normativos, que permitam a produção, a comercialização e uso de bens e serviços de forma competitiva e sustentável nos mercados interno e externo, contribuindo para o desenvolvimento científico e tecnológico, proteção do meio ambiente e defesa do consumidor.[11]

Como?

A ABNT estabelece um modelo de formatação para todos os tipos de trabalhos, para normas de saúde, preservação do meio ambiente, sobre a fabricação de produtos em geral etc. O objetivo é estabelecer critérios de apresentação e, consequentemente, facilitar a avaliação de qualquer trabalho ou serviço, tendo em vista uma forma igual de critérios avaliativos.

Para cada tipo de item citado no parágrafo anterior, a ABNT terá uma normatização própria e que deve ser seguida para dar ao que foi produzido uma padronização formalizada e aceita pela sociedade. Por exemplo, a NBR 14724 (atualizada em 2011) trata dos princípios gerais para a elaboração de trabalhos acadêmicos (teses, dissertações e outros tipos), tendo como objetivo a apresentação para uma banca examinadora.[12]

A ABNT tem regras específicas para cada tipo de trabalho acadêmico. Outros exemplos:

NBR 15287/2011 – Cuida da normatização dos projetos.
NBR 14724/2011 – Trabalho acadêmico – Com ela é possível ampliar o conhecimento sobre a formatação de teses, dissertações, monografias e trabalhos que exigem a apresentação para uma banca.

---

11 Disponível em: <http://www.abnt.org.br/m3.asp?cod_pagina=951>. Acesso em: 5 jul. 2015.
12 Disponível em: <http://pt.slideshare.net/LazinhaSantos/nbr-14724-2011-nova-norma-da-
-abnt-para-trabalhos-acadêmicos-11337543>. Acesso em: 5 jul. 2015.

NBR 10520/2002 – Citações – É possível encontrar nela a maneira como se apresentam citações em documentos.

NBR 6022/2003 – Artigos científicos impressos – Orienta sobre artigos em publicação periódica científica impressa. Há outras normas na sequência numérica abordando o mesmo assunto.

NBR 6023/13 – Referências – Aqui é possível encontrar os elementos que devem ser incluídos nas referências, orientando como se faz a transcrição de um documento original para outros tipos de trabalhos.

NBR 6027/13 – Sumário – As orientações sobre como colocar o Sumário em um trabalho estão nesta norma.

NBR 6028/13 – Resumo e *Abstract* – Aqui se encontra o procedimento para a apresentação do Resumo e do *Abstract*.

NBR 12225/2004 – Lombada – Orientações relativas ao posicionamento de letras e medidas.

NBR 6028/2003 – Resumo – Orientações sobre como o pesquisador fará o Resumo.

NBR 6024/2012 – Numeração progressiva
NBR 14724/2011 – Ilustrações
NBR 14724/2011 – Tabelas
NBR 10520/2002 – Notas de rodapé

Há uma infinidade de outras normas existentes e que são modificadas, à medida que se torne necessário.

Quanto aos trabalhos escolares, há elementos que são **obrigatórios** e outros que são **opcionais**. Eles também podem ser classificados em elementos **pré-textuais, textuais e pós-textuais**:

7.1 Elementos pré-textuais

- Capa (obrigatório) e lombada (opcional)
- Folha de rosto (frente) (obrigatório)
- Notas descritivas na folha de rosto (obrigatório)
- Folha de rosto (verso) (obrigatório)
- Errata (opcional)
- Folha de aprovação (obrigatório)

- Dedicatória (opcional)
- Agradecimentos (opcional)
- Epígrafe (opcional)
- Resumo na língua <u>vernácula</u> (obrigatório)
- Resumo em língua estrangeira (obrigatório)
- Lista de ilustrações (opcional)
- Lista de tabelas (opcional)
- Lista de abreviaturas e siglas (opcional)
- Lista de símbolos (opcional)
- Sumário (obrigatório)

7.1.2 Capa

UNIVERSIDADE BRASIL UNIDO

Severiana Almeida Ribeiro

A ARTE NO SERTÃO NORDESTINO
COMO FORMA DE ELEVAÇÃO DA MULHER

São Paulo,
2015

A capa serve para a apresentação, tanto sobre o título do trabalho como nome(s) do(s) autor(es) e a instituição a que pertence(m).

7.1.3 Lombada (opcional)

Os trabalhos escolares que não são encadernados em gráficas dispensam a lombada.

De acordo com a NBR 12225/2004 da ABNT, a lombada ou dorso é a parte da capa que reúne as folhas e é feita da seguinte forma:

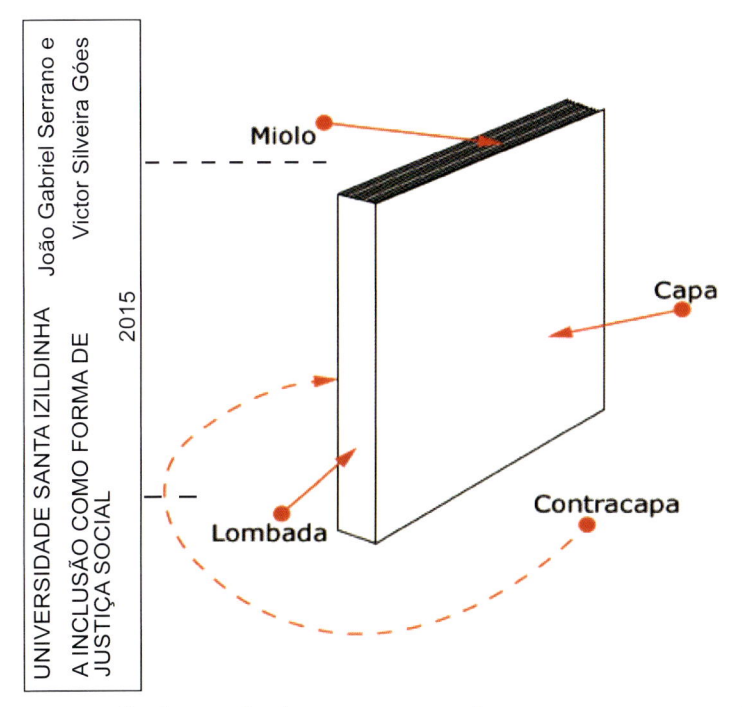

- Se for mais de um autor, colocar os nomes um abaixo do outro de forma horizontal, respeitando a pontuação de separação de termos.
- O título do trabalho deve ser colocado da mesma forma que os nomes, assim como o ano, de modo que possibilite a leitura quando o livro estiver no sentido horizontal.

Isto significa que há trabalhos de proporção menores que não precisam da lombada, já que sua encadernação ocorre de outra forma, aspiral, por exemplo. É importante consultar a instituição sobre o procedimento a seguir.

7.1.4 Folha de rosto (obrigatório)

Nessa folha colocam-se informações mais detalhadas, como o nome do autor e título do trabalho.

Há ainda um pequeno texto explicando a sua natureza: se é uma dissertação de mestrado, tese de doutorado ou trabalho de conclusão de curso. É necessário informar, também, o motivo de sua execução, tudo redigido em espaçamento simples, fonte 12 e alinhamento justificado.

Se o trabalho requerer mais volumes haverá uma folha de rosto para cada um, informando de qual volume se trata.

O aluno deve informar a cidade onde se localiza a instituição e o local onde será apresentado o trabalho e ano de sua entrega.

SEVERIANA ALMEIDA RIBEIRO

(centralizado - Arial 12)

A ARTE NO SERTÃO NORDESTINO COMO FORMA DE ELEVAÇÃO DA MULHER

Monografia apresentada junto ao curso de Sociologia da Universidade Brasil Unido, como requisito parcial para a obtenção de título de Bacharel, sob a orientação do Professor José Carlos de Almeida.

São Paulo,
2015

7.1.5 Notas descritivas na folha de rosto (obrigatório)

As notas descritivas são escritas de acordo com o modelo do trabalho, seu objetivo, e são alinhadas do meio da folha para a margem direita. Exemplos:
- Se for TCC ou monografia de graduação pode-se escrever: Relatório final apresentado à (nome da instituição) como exigência para a obtenção do título de (nome da graduação), sob a orientação do(a) (colocar o nome do orientador).

> **Obs.**: A denominação quanto ao título pode ser alterada tendo em vista que alguns cursos são <u>bacharelado</u> e outros, <u>licenciatura</u>. A monografia é destinada aos dois e também para a pós-graduação *lato sensu* ou *stricto sensu*, portanto o que muda na elaboração da descrição é o objetivo do curso, sua natureza e a qual formação ela é destinada.

- Se for pós-graduação *lato sensu,* pode-se escrever: monografia apresentada à/ao (nome da instituição), como parte das exigências do Curso de Pós-graduação *Lato Sensu* em (nome do curso), para a obtenção do título de especialista em (nome da especialidade).
- Se for pós-graduação *stricto sensu* pode-se escrever: monografia apresentada à/ao (nome da instituição), como parte das exigências do Curso de Pós-graduação *Stricto Sensu* em (nome do curso), para a obtenção do título de especialista em (nome da especialidade).
- Se for para apresentação de Tese de doutorado pode-se escrever: tese apresentada à/ao (nome da instituição), como parte das exigências do (nome do curso) para obtenção do título de (nome do título).

7.1.6 Verso da folha de rosto (obrigatório)

Obrigatório para teses de doutorado, dissertações de mestrado e Trabalho de Conclusão de Curso com o objetivo de publicação. Aqui deve constar a ficha catalográfica.

7.1.7 Errata (opcional)

A função da errata é informar que se percebeu um erro no trabalho após a sua impressão. Com o uso da tecnologia e seus diversos recursos de correção podem-se evitar as erratas e, evidentemente, melhorar a apresentação final do trabalho.

Quando for inevitável, a folha com a Errata deve ser entregue separadamente do trabalho.

7.1.8 Folha de aprovação (obrigatório)

A folha de aprovação vai variar, basicamente, de acordo com o tipo de trabalho a que pertence. Em geral põem-se o nome do autor, o título do trabalho, a nota descritiva específica e os dados sobre a banca examinadora.

SEVERIANA ALMEIDA RIBEIRO

A ARTE NO SERTÃO NORDESTINO
COMO FORMA DE ELEVAÇÃO DA MULHER

Monografia apresentada junto ao curso de Sociologia da Universidade Brasil Unido, como requisito parcial para a obtenção de título de Bacharel em Sociologia

Aprovado em ____ / ____ / ____

_____

_____

7.1.9 Dedicatória (opcional)

A dedicatória também é um momento especial do trabalho, pois sempre existe alguém que não mede esforços para socorrer ou esclarecer o estudante/pesquisador. Pode-se, muitas vezes, encontrar na dedicatória uma forma de homenagear a família, que não auxiliou na pesquisa, nem na elaboração, mas não mediu esforços para que o trabalho fosse concluído, e para isso abriu mão de conviver com a pessoa ou a auxiliou com o silêncio, com refeições, enfim, dedicou-lhe tempo e amor. Exemplos:
- Dedico aos meus pais, meus maiores incentivadores para não desistir desta longa jornada de estudo e pesquisa.
- Dedico a Deus o meu trabalho, pelo socorro nas noites de pesquisas incansáveis.
- Aos meus pais, João e Maria, e ao Fabio, amigo de muitas horas de pesquisa e estudo.
- Dedico meu trabalho à Professora Joana de Almeida pela paciência, pelo incentivo, pelas horas que dedicou a mim e ao meu tema.
- Dedico o meu trabalho ao Professor Doutor Alberto de Oliveira pela amizade, pelo tratamento afetuoso, que fez com que eu não desistisse de chegar ao final da caminhada.
- Para a minha família, tesouro precioso que me acompanha, pelas horas de abnegação e incentivo.

7.1.10 Agradecimentos (opcional)

O agradecimento também é um momento especial do trabalho, pois é a oportunidade do estudante/pesquisador observar quanto caminhou e perceber quantas pessoas o ajudaram a chegar até ali. Exemplos:
- Agradeço ao Professor José de Abreu, que não mediu esforços nem tempo para me ajudar a concluir esta pesquisa.
- Agradeço a minha família, sempre tão presente em meus momentos de estudo e pesquisa, agindo de forma silenciosa e torcendo para que eu vencesse esta etapa de minha vida.
- Agradeço a Sra. Sonia de Abreu, da Biblioteca Municipal de Santana do Céu, que permitiu que eu utilizasse todos os re-

cursos lá disponíveis e me tratou de forma amiga e acolhedora, fazendo com que eu me sentisse fortalecido e diferente, e não apenas o frequentador da entidade.
– Gostaria de agradecer ao Professor Antonio de Almeida, que foi paciencioso e dedicado no apoio à minha pesquisa.

7.1.11 Epígrafe (opcional)

É uma citação de autoria de outra pessoa que se põe no início de um trabalho ou livro, podendo haver relação com o tema do trabalho. Segundo a ABNT, a citação, em geral, aparece no final da folha, em "itálico" e entre aspas, com fonte de tamanho 12. O alinhamento deve ser justificado, com recuo de 7,5 cm à esquerda, e espaço 1,5 entre linhas. O autor da citação deve estar alinhado à direita, entre parênteses. Exemplos:
– *"O sorriso enriquece os recebedores sem empobrecer os doadores." (Mário Quintana)*
– *"Não há regra sem exceção." (Miguel de Cervantes)*
– *"Qual é a tarefa mais difícil do mundo? Pensar." (Ralph Waldo Emerson)*
– *"A gargalhada é o sol que varre o inverno do rosto humano." (Victor Hugo)*
– *"Quando nada acontece, há um milagre que não estamos vendo." (Guimarães Rosa)*
– *"O valor das coisas não está no tempo que elas duram, mas na intensidade com que acontecem. Por isso, existem momentos inesquecíveis, coisas inexplicáveis e pessoas incomparáveis." (Fernando Sabino)*
– *"Pros erros há perdão; pros fracassos, chance; pros amores impossíveis, tempo. De nada adianta cercar um coração vazio ou economizar alma. O romance cujo fim é instantâneo ou indolor não é romance. Não deixe que a saudade sufoque, que a rotina acomode, que o medo impeça de tentar. Desconfie do destino e acredite em você. Gaste mais horas realizando que sonhando, fazendo que planejando, vivendo que esperando, porque embora quem quase morre esteja vivo, quem quase vive já morreu." (Luis Fernando Veríssimo)*

7.1.12 Resumo na língua vernácula (obrigatório)

Segundo a ABNT o Resumo deve ter no mínimo 150 e no máximo 500 palavras, com frases <u>concisas</u> e objetivas de modo que seja possível identificar o conteúdo do trabalho, desde sua elaboração, objetivo, metodologia e conclusão. Logo abaixo do resumo devem constar as palavras-chave, que devem representar os principais assuntos tratados no trabalho.

O verbo deve estar na voz ativa[13] e na terceira pessoa do singular. O espaçamento é simples, sem recuo na primeira linha, em um bloco único. Seu objetivo é fornecer ao leitor a oportunidade de decidir se quer ler o trabalho inteiro ou não.

7.1.13 Resumo em língua estrangeira ou *Abstract*

Deve conter os mesmos elementos do Resumo na língua vernácula, sendo apresentado em inglês, francês, espanhol ou outra língua cuja finalidade também é orientar o leitor sobre o que trata o trabalho ali apresentado. É obrigatório para trabalhos da pós-graduação (dissertação de mestrado e tese de doutorado). E não obrigatório para artigos e trabalhos escolares.

7.1.14 Lista de ilustrações, de figuras, de tabelas, de abreviaturas, de siglas e de símbolos (opcional)

Para a confecção das listas devem-se elaborá-las conforme o seu aparecimento no trabalho. É necessária uma folha para cada tipo. Exemplos:

Lista de Figuras

Figura 1 – São Francisco e Santa Clara...	21
Figura 2 – Imagem da Capela Sistina...	37
Figura 3 – Mapa de Florença...	45
Figura 4 – As ruínas de Pompeia...	58

---

13 **Voz ativa** refere-se à ação praticada pelo sujeito e expressa pelo verbo. Exemplo: O aluno fez o trabalho.

Lista de Tabelas

A fonte das ilustrações e das tabelas deve constar ao final do trabalho, na parte de referências (sites ou outras referências).

Tabela 1 – Tabela do Índice do Desenvolvimento Humano em 2010 28
Tabela 2 – Índice populacional da Região Metropolitana de São Paulo 42
Tabela 3 – Regiões com maior índice de analfabetos em 2010....................... 58
Tabela 4 – Projeção de crescimento do estado de São Paulo para os próximos dez anos 61

Lista de Abreviaturas e Siglas

ABNT – Associação Brasileira de Normas Técnicas
PCN – Parâmetro Curricular Nacional

E assim sucessivamente em todas as listas: abreviaturas, siglas etc. Um ponto importante a ressaltar é que a numeração de cada item da lista deve seguir a ordem de ocorrência no trabalho.

7.1.15 Sumário (obrigatório)

O Sumário é a enumeração de todos os tópicos (trabalhos simples) e dos capítulos e subcapítulos, enfim todas as partes que compõe o trabalho e a página em que se localizam.

7.2 Elementos textuais

• Introdução (obrigatório)
• Desenvolvimento (obrigatório) – Aqui entram os títulos, subtítulos ou capítulos, quando for o caso.
• Conclusão (obrigatório)

7.2.1 Introdução

O título **Introdução** deve aparecer desta maneira, (margeado à esquerda). Usar a fonte 12 (pode ser a Times New Roman ou a Arial).

O autor deve deixar clara a intenção do trabalho: por que fez a escolha do assunto; como pretende desenvolver a sua ideia; quais serão os instrumentos de pesquisa e leitura e o que espera encontrar, em termos de conhecimento e aprofundamento educacional.

> A introdução representa a síntese do trabalho e deve dar ao leitor uma ideia do que encontrará de modo que desperte o seu interesse para a leitura.

Escrever, primeiramente, está relacionado com o ato de planejar. Não se pode escrever a **Introdução** de um trabalho sem informações importantes para a sua escrita. É necessário saber que há formas de se iniciar uma **Introdução** (há uma variação de acordo com o tema do trabalho/pesquisa). Exemplos:

- É reconhecido o trabalho incansável dos trabalhadores da educação no que se refere ao processo de alfabetização. O presente trabalho pretende investigar a relação entre eficiência do ensino *vs.* recursos disponíveis na comunidade.
- Adotando a linha de pesquisa *in loco*, espera-se conseguir os resultados para dirimir qualquer dúvida no tocante ao financiamento de instrução acadêmica, sem que haja uma contrapartida deste auxílio.
- O objetivo deste trabalho é buscar elementos que comprovem a eficiência dos recursos hídricos em época de estiagem e para isso, formas de pesquisa *in loco* serão adotadas, levando em consideração a particularidade de cada região escolhida para o presente trabalho.

* Cada início acima se refere a um **assunto** e a um **tema**.

Na **Introdução** é importante escrever sobre como o trabalho está organizado (títulos, subtítulos, capítulos, subcapítulos) e em cada um explicar o que se pretende fazer. Exemplos:

> No capítulo I será abordada a formação do professor na área de Cambuzé da Mata.

No capítulo II o foco será voltado para os recursos governamentais destinados à formação desse professor.

No capítulo III pretende-se examinar os recursos que as pequenas escolas possuem para que possam estar adequadas ao que se chama de "uso racional do dinheiro público".

Na **Introdução** deve constar a metodologia de pesquisa: entrevistas, pesquisa *in loco*, leituras comparativas, enfim toda gama de recursos utilizados para chegar ao resultado que se pretendia. Exemplo:

> Autoridades foram convidadas a se manifestar sobre a educação no município de Cambuzé da Mata e para tanto foram recolhidos livros e cadernos de alunos para análise. Todo o material ficou disponível para as autoridades.
>
> As visitas às escolas devem trazer um especial momento para o resultado da pesquisa, pois será a oportunidade de se confrontar os dados colhidos com a Secretaria da Educação e a situação real delas.

Para se fazer a **Introdução** de um trabalho é importante que o caminho da pesquisa já tenha sido realizado, pois pretender dizer não é o mesmo que dizer. A pesquisa é justamente a confirmação do resultado do estudo. Também já se terá consultado várias fontes, feito as entrevistas e as leituras estarão em dia.

7.2.2 Desenvolvimento

É uma parte de extrema importância para o trabalho, pois é o momento em que o aluno/autor expõe o assunto da maneira de sua escolha: capítulos e seus títulos e subtítulos de forma a dar ao leitor/examinador a possibilidade de acompanhar a linha de raciocínio escolhida.

No desenvolvimento deverá estar toda a fundamentação do pensamento do autor para aquele assunto.

Toda a abordagem que foi dita na **Introdução** precisa ser agora comprovada, e para isso haverá a oportunidade de esmiuçar as etapas, de forma a dar consistência ao ponto de vista que se quer defender.

Se houver a presença de tabelas, dados, obras ou outros materiais, é no desenvolvimento que serão analisados e servirão de base para que o autor chegue ao seu objetivo principal dentro do trabalho.

O aluno/autor deve utilizar os recursos da escrita para defender seu ponto de vista e, consequentemente, o tema que escolheu.

A escrita é uma forma simbólica de expressão dos pensamentos e ideias e, a partir dela, torna-se possível a demonstração de como cada um é, e como organiza a sua visão de mundo, que pode ser mostrada através de um trabalho, seja ele simples ou de mais complexidade.

Entre o que se pensa e a expressão do pensamento há um campo enorme que precisa ser escrito, reescrito, lido e concluído, para que se perceba tratar-se realmente do que pensava escrever.

Dentro da linguagem há palavras que são abstratas demais e acabam por fugir do significado que o autor queria aplicar, por isso, além do treino para a escrita, é importante contar com um orientador que saiba da importância da mediação, fazendo a ponte entre o que o autor quer dizer e o que ele propriamente disse ou irá dizer.

Exemplos do que se deve evitar na escrita:

– **Repetição de palavras em um mesmo parágrafo:**
A situação do **país** está plenamente satisfatória, levando em consideração que o **país** tem seus índices elevados, se for considerada a situação de outro **país** com a mesma densidade demográfica.

– **Falta de clareza na exposição das ideias:**

> Relação homem-animal[14]
>
> Constantemente é noticiado ou presenciado o tratamento a animais em dois extremos: sendo tratados melhores que seres humanos ou agredidos e traficados, mas (*O correto seria: traficados. Mas*) onde estaria a formar correta de tratamento? Provavelmente no equilíbrio.

continua

---

[14] Disponível em: <http://educacao.uol.com.br/bancoderedacoes/redacao/relacao-homem-animal.jhtm>. Acesso em: 5 jul. 2015.

continuação

> É verdade que todo tipo de vida deve ser respeitado, porém quando o mundo do pet torna-se fundamental e é comum preterir familiares, atividades físicas, pagar contas e outros aspectos cotidianos para proporcionar um melhor tratamento apenas ao animal, enquadra-se como uma atividade ilógica, pois a vida pessoal e social é afetada.
>
> Esse pensamento não estaria pautado na ideia deles *(O correto seria: de os animais)* não merecerem um cuidado cordial, portanto estaria em harmonizar *(O correto seria: mas sim na necessidade de harmonizar esses cuidados)* com o bom senso.
>
> [...]
>
> Tendo em vista tais exageros, muitas vezes com prejuízo financeiro e psicológico ao dono, o animal sofre igualmente, pois sua natureza é afetada com joias, roupas, "chapinhas", pinturas, entre outros acessórios quem além *(O correto seria: que, apesar de)* satisfazer seu proprietário, incomodam e pode *(O correto seria: podem)* vir a causar traumas ao bicho de estimação.

Uso do pronome "que":

Em relação ao pronome "que", o antecedente imediato determina a concordância. Exemplos:
Incorreto:
– Sou eu que paga.
Correto:
– Sou eu que pago.
Incorreto:
– Fomos nós que saíram.
Correto:
– Fomos nós que saímos.

Modismos da fala na escrita:

a) A conjunção "**enquanto**" deve ser mais usada no sentido de "concomitantemente" (ao mesmo tempo). Exemplos:
Evitar:
– O professor, *enquanto* especialista na área, pode reverter a situação educacional dentro da sala de aula, e medidas precisam ser tomadas, cabendo à Secretaria um posicionamento, *enquanto* gestora dos recursos.
Correto:
– *Enquanto* você lê eu escrevo. (Correto)

b) Uso do pronome **onde:**
Tanto o pronome "onde" como "aonde" são utilizados para indicar lugar. "Onde" indica "lugar em que" e "Aonde" indica "lugar a que". Por exemplo:
– Visitarei a cidade onde nasci. (em que)
– Conheço a cidade aonde você irá. (a que)
– Aqui é a universidade onde estudo. (em que)

Quando for advérbio interrogativo iniciará frases interrogativas. Exemplo:
– Onde você está morando atualmente?

Evitar:
Li o livro onde saiu o material de que eu precisava.
Correto:
Li o livro no qual saiu o material de que eu precisava.

c) Uso da expressão "**A nível de**"
A expressão "a nível" passou a ser usada como se fosse correta e como se tivesse uma finalidade dentro da fala. Antes de usar a expressão é conveniente saber o que se pretende dizer. Se for no sentido de "no que diz respeito a", "em relação a", "em termos de", é conveniente que seja usada com a preposição "em". Especialistas em língua portuguesa afirmam que se trata de um modismo de gosto incerto, e que são possíveis outras expressões dentro da língua para poder atingir o objetivo da comunicação desejada. Exemplos:

– Em nível de aprendizado, esta instituição oferece o melhor para os seus alunos.

Em alguns casos, quando significar: escala intelectual alcançada, estágio de desenvolvimento concluído, nível superior, graduação, nível das águas, baixo nível, pessoas com pouca instrução, então ela deve ser utilizada:

– O nível das águas atingiu o maior índice nos últimos anos.
– O baixo nível dos candidatos fez com que o concurso fosse cancelado.
– Não é possível enfrentar seu nível moral!
– O nível social da população cresceu nos últimos anos.

d) Gerundismo

O Gerúndio é uma forma nominal do verbo e indica que uma ação está em curso, mas nos últimos tempos ela foi inserida na comunicação das pessoas mais desatentas com o idioma e se propagou criando o vício de linguagem denominado "gerundismo".

Há uma história que se propaga sobre o surgimento do gerundismo, referindo-se que ao crescer a atuação do serviço de telemarketing, surgido nos EUA, houve a tradução ao pé da letra da frase "I will be sending...", sendo que em português não existe a construção com três verbos: Ir + estar + outro verbo no gerúndio.

Evitar:
– Um instante, que eu vou estar verificando sua conta.
– Só um minuto que vou estar transferindo sua ligação.
– Infelizmente o sistema caiu e eu vou estar ligando para o senhor em breve.
– Vou estar encaminhando seu pedido o mais breve possível.

Correto:
– Um instante, que eu vou verificar sua conta.
– Só um minuto que vou transferir sua ligação.
– Infelizmente o sistema caiu e eu vou ligar para o senhor em breve.
– Vou encaminhar o seu pedido o mais breve possível.

O gerúndio tem suas aplicações corretas que devem ser mantidas. Por exemplo:

– Ele estava dormindo quando começou a chover.
– Continuarei trabalhando após o final do expediente.

e) Expressões que entram na moda, soam como cultas, mas são gramaticalmente erradas, como, por exemplo: "desde sempre".
"Desde" é preposição que significa a começar de, a contar de, a partir de.
"Sempre" é advérbio de tempo e significa a toda hora, a todo momento, em todo o tempo, constantemente, continuamente, sem cessar:
Incorreto:
– Gosto de estudar desde sempre.
Correto:
– Gosto de estudar desde criança.
– Sempre gostei de estudar.

f) Uso do "de repente".
De repente pode ser usado como advérbio de tempo ou de modo.
Evitar:
– De repente a gente pode mudar a situação da criança.
Correto:
– A situação da criança, de repente, mudou.
– Estava na praça e o vento, de repente, derrubou a árvore.

g) Falta de firmeza na explicação:
Evitar:
– É mais ou menos isso que eu queria dizer.
Correto:
– É isso o que eu queria dizer.

h) Uso do "meio que".
Evitar:
– Nós ficamos "meio que" à mercê dos "flanelinhas".
Correto:
– Nos ficamos à mercê dos "flanelinhas".

i) Uso do "pegou e falou".

Evitar:
– Ele pegou e falou que iria apresentar o trabalho sozinho.
Correto:
– Ele falou que iria apresentar o trabalho sozinho.

7.2.3 Conclusão

A **Conclusão** de um trabalho representa uma parte muito importante, pois é o fechamento das ideias que se pretendeu defender. É nela que o aluno/autor apresenta as soluções que encontrou para a situação problema apresentada.

Ao escrever a Conclusão o aluno/autor deve ter em mente que não se pode concluir sem ligar todas as partes do trabalho e, principalmente, fazer a relação com a Introdução. É possível que muitas ideias ao serem expostas na Introdução e ao longo do trabalho tenham sido modificadas, e isto se deve exatamente pela pesquisa e leituras sobre o tema. Nem sempre a ideia inicial se sustenta.

Exemplo:
Tema: a fome no país.
Questão problema: os programas sociais atendem os mais pobres em relação à alimentação?

Pode-se, então, perceber, após pesquisa, que alimentos existem; que há programas sociais, mas que há problemas na distribuição. Somente os grandes centros recebem, enquanto regiões mais pobres e distantes sofrem com a escassez, e os mais pobres ficam distantes da solução, o que poderia levar a se responder afirmativamente sobre os programas atenderem os mais pobres.

Evidentemente se trata apenas de uma suposição, sem fundamento, base científica ou estudos para afirmar sua veracidade.

Em relação ao tamanho da Conclusão (uma preocupação constante) deve-se evitar um único parágrafo, dependendo do trabalho. Se for um trabalho simples ou uma Monografia, pode variar em torno de uma ou duas páginas. O importante é que seja escrito de forma clara, mas com profundidade sobre o que se estudou.

Para a Conclusão podem-se utilizar algumas frases modelo, para facilitar a construção dos parágrafos, e conjunções coordenativas conclusivas, pois elas representam exatamente a ideia que se quer: finalizar pensamentos. Exemplos:

– Tendo em vista os argumentos apresentados...
– Ao se observar os dados obtidos e a análise feita durante vários meses, conclui-se que...
– Vários foram os pontos observados, para que se concluísse que...
– Portanto o estudo revelou-se satisfatório quanto ao aspecto da distribuição de renda, mas mostrou irrelevante quanto à produção de alimentos.
– Dada a situação dos moradores de Campina do Céu, conclui-se que a população local não apresenta condições de decidir se as novas construções lhes serão favoráveis.
– Em virtude da atual crise energética do país, cabem maiores investimentos.

Ao fazer a Conclusão o aluno/autor deve ter a sensação de dever cumprido.

7.3 Elementos pós-textuais

- Referências (obrigatório)
- Glossário (opcional)
- Apêndice(s) (opcional)
- Anexo(s) (opcional)

7.3.1 Referências (obrigatório)

Em todo tipo de trabalho as Referências devem aparecer, pois representam documentos, livros etc. que foram utilizados para a pesquisa e produção do trabalho. Não se deve confundir Referências com Bibliografia, pois enquanto a primeira é somente para o material citado no trabalho, a Bibliografia informa o que foi lido, mesmo que não tenha utilizado.

7.3.2 Glossário (opcional)

Refere-se à definição de palavras de uso não muito comum, seguidas de suas definições. O Glossário, em geral, fica nas páginas finais do trabalho.

7.3.3 Apêndice

Trata-se de um texto escrito pelo autor do trabalho, tendo em vista a necessidade de completar sua argumentação.

7.3.4 Anexo(s) (opcional)

Já o Anexo refere-se aos textos e documentos elaborados ou não pelo(s) autor(es) do trabalho que sejam interessantes por complementarem o texto principal.

7.4 Formatação

- O papel mais comum é o A4, branco, com medidas de 297 × 210 mm
- Cor da fonte: preta em todo o trabalho
- Alinhamento: Justificado
- Fonte: Arial ou Times New Roman
- Tamanho da fonte do corpo do texto: 12 pontos
  - Para títulos e subtítulos
- Tamanho da fonte de 11 pontos para:
  - Citações: Trata-se de informações utilizadas no trabalho cujo crédito precisa ser dado ao autor. Citações mais comuns:

  1 – citação direta, curta (com até três linhas) – o trecho é retirado da obra, coloca-se no trabalho entre aspas. Exemplo: Sempre se poderia refletir sobre as diversas formas do brincar: "Brincar com o coração seria, portanto, o antídoto ou pelo menos o remédio diante dos jogos de aparências, pois os vícios do mundo não pertencem tanto ao homem quanto ao homem malgovernado" (Schwartz, 2014, p. 96).

  2 – Citação direta com mais de três linhas a fonte deve ser menor que a utilizada no texto, a citação deve ser recuada 4 cm da margem esquerda. Sem aspas. Ver exemplo na página 67 deste livro.

  3 – Citação indireta, aproveitando as ideias do autor para a composição do texto. O nome do autor aparece em letras

minúsculas fora dos parênteses e dentro dos parênteses o ano do livro e a página. Exemplo:

É importante repensar a comunicação. Para Tuzzo (2013, p. 23) "comunicar era transmitir, pois as relações humanas eram majoritariamente hierárquicas".

4 – Citação da citação – É utilizada quando a informação encontrada é importante para o trabalho a ser realizado, mas está inserida em outra obra. Seria bom encontrar a obra original, mas nem sempre é possível, portanto se acontecer deve-se proceder da seguinte maneira:

Temer (2009, p. 179) citado por Tuzzo (2011, p. 63), "destaca que os gêneros podem ser definidos como categorias de análise a partir das quais podemos agrupar trabalhos semelhantes, tanto visando auxiliar a produção e leitura destes trabalhos, quanto para a análise dete material".

- Notas de rodapé – fonte tamanho 10
- Legendas e fontes de figuras, quadros, gráficos e tabelas – fonte tamanho 10
- Referências bibliográficas
- Espaçamento:
  - Entrelinhas – 1,5 cm para o corpo do texto:
    - Nota de rodapé – espaçamento simples
    - Referências bibliográficas – espaçamento simples
    - Ficha catalográfica – espaçamento de 1,5 cm
    - Folha de rosto – espaçamento de 1,5 cm
    - Legendas em geral – espaçamento de 1,5 cm
- Numeração das páginas

A numeração das páginas deve aparecer a partir dos elementos **textuais**, ou seja, da Introdução até o final do trabalho, e aparecerá a 2 cm da borda superior da folha, à direita.

As páginas **pré-textuais** são contadas, mas não numeradas.

Ao numerar os títulos e subtítulos, não colocar ponto ou traço.

- Margens:
  - Superior – 3 cm
  - Inferior – 2 cm
  - Esquerda – 3 cm
  - Direita – 2 cm
- Espaçamento entre linhas: 1,5 cm.

8. Eliminando maus hábitos

Observando as dicas aqui apresentadas, pode-se obter um resultado melhor.

a) Data de entrega

Pode parecer normal deixar a realização de um trabalho escolar para a data próxima da entrega, mas não é. Em geral, professores e orientadores solicitam-na de forma que haja tempo suficiente para a pesquisa, elaboração das partes do trabalho e preparação final.

É muito comum ouvir as desculpas mais diversas, algumas verdadeiras e convincentes, mas outras beirando piada:
- Meu computador "deu pau" e eu perdi o trabalho.
- Aconteceu um acidente e eu apaguei, sem querer.
- A impressora não funcionou.
- A internet estava com problemas e não tinha conexão nenhuma, me impedindo de entrar no meu arquivo.
- Nós fizemos o trabalho em grupo, mas ficou com o nosso amigo que faltou hoje e não estamos conseguindo falar com ele.
- Meu computador é antigo e na hora de fazer a minha parte, ele desconfigurou todo e perdemos o trabalho.
- Eu me enganei na hora de salvar e cliquei em deletar.
- Eu estava lanchando e derrubei o café em cima do trabalho.

E para completar uma desculpa, verdadeira ou não, vem a pergunta:
- Posso entregar depois o meu trabalho?

O professor/orientador espera que o aluno faça a sua parte e não deseja, de forma alguma, prejudicá-lo, mas com muita frequência há o descomprometimento em relação aos prazos. Parece que o fato de fixar um prazo é uma formalidade sem importância.

Para a correção, o professor/orientador necessita de tempo, e a data estipulada permite-lhe tempo para se organizar e, também, cumprir sua obrigação.

Não se pode esquecer que a execução de um trabalho escolar faz parte de um aprendizado sobre comportamento e atitudes diante da própria vida.

Quando todas as partes (alunos, colegas, professores) agem com responsabilidade, tudo caminha bem e todos saem ganhando.

b) Ausência de capricho

Um dos motivos pode ser exatamente a falta de planejamento, considerando a data de entrega. Algumas pessoas criam o mau hábito de não dar importância a prazos e ainda ser desorganizadas, fazendo com que os problemas se <u>avolumem</u> e afetem outras etapas. Acabam por fazer o trabalho de qualquer jeito, sem observar dados de organização e pontos importantes, relativos à forma de escrita.

Alguns trabalhos apresentam tanta complexidade que, na hora da correção, o professor ou orientador até fica na dúvida se ele se refere mesmo ao tema que foi solicitado.

Capricho em trabalhos é manter as folhas limpas e sem orelhas; colocar o conteúdo em sequência correta; fazer uma revisão e não deixar que qualquer detalhe faça com que a nota diminua. O capricho vem de uma atitude individual ou em grupo no sentido de olhar para aquele trabalho e sentir satisfação em vê-lo bem feito.

c) Dificuldade de interpretar o que era para ser feito

A ausência da prática da leitura dificulta o entendimento de qualquer texto, dos mais simples aos mais complexos.

A melhora na capacidade de interpretar só se dá com a leitura em suas diversas modalidades; livros, jornais, revistas, textos avulsos (contos, crônicas etc.). Em geral as pessoas acham os textos chatos, pois não compreendem o que estão lendo, e assim, não conseguem <u>extrair</u> um conhecimento ou <u>ampliar</u> a sua visão de mundo.

É importante colocar a leitura como uma prioridade na vida, se quiser, na verdade, transformar-se em uma pessoa mais culta, atualizada e participativa no mundo ao seu redor.

Podem-se observar os resultados do Brasil no quesito leitura no exame do Pisa na seguinte tabela:

Resultados brasileiros nas edições do PISA e número de participantes[15]

	Pisa 2000*	Pisa 2003	Pisa 2006	Pisa 2009*	Pisa 2012
Participantes	4.893	4.452	9.295	20.127	18.589
Leitura	**396**	**403**	**393**	**412**	**410**
Matemática	334	356	370	386	391
Ciências	375	390	390	405	405
Média das áreas	368	383	384	401	402
Média OCDE	500	497	497	500	498

*Em 2000 e 2009 a avaliação de leitura foi o foco dessas edições.

O Brasil precisa avançar muito, ainda, no que se refere ao quesito leitura, mas é importante que cada um faça a sua parte: lendo, interpretando e não se contentando com informações superficiais advindas de leituras rápidas e mal compreendidas.

Quem lê mais compreende melhor a vida!

d) Falta de revisão no trabalho

Após o encerramento do trabalho, e antes da entrega e da apresentação, é essencial fazer a revisão e a correção gramatical, bem como a organização de todas as partes.

Detalhes esquecidos podem desvalorizar todo o trabalho realizado e que demandou tanto tempo para ser concluído.

Nesse momento pode-se pedir para que outra pessoa, que não esteja envolvida com o trabalho e que saiba como corrigir possíveis erros, faça uma leitura e identifique possíveis falhas.

---

15 Disponível em: <http://download.inep.gov.br/acoes_internacionais/pisa/resultados/2014/relatorio_nacional_pisa_2012_resultados_brasileiros.pdf>. Acesso em: 5 jul. 2015.

9. Contemplando o resultado

O que é felicidade?

Felicidade é ser, é ter, é saber, é conhecer, é receber, é observar, é ser reconhecido... Enfim, o universo da felicidade é amplo e ligado a muitas coisas, pessoas, animais e atividades que se relacionam com o ser humano.

Felicidade é saber que se é amado, que se têm amigos, família, um lugar para se abrigar; alguém que possa oferecer o ombro amigo, a mão, o consolo...

Felicidade é receber um elogio, mesmo que pequeno, por uma atividade que se fez. Às vezes planejada, às vezes sem querer, como em um trabalho. Que sensação maravilhosa quando aquele que corrige escreve a frase suprema: "Parabéns!" ou vai mais longe e mescla o olhar técnico com a emoção: "O seu trabalho é merecedor de aplauso. Percebe-se que foi o resultado de muito esforço e dedicação".

E quando as palavras não vêm, pois nem todo professor/orientador sabe como expressá-las, mas vem o número, que sempre traduz o que o mestre queria dizer: quanta felicidade!

E quando esses números são altamente positivos, é como se o peito inflamasse e naquele momento, mesmo que não se diga a ninguém, ali se instala a felicidade.

Felicidade é um momento na vida do indivíduo, que nem sempre se pode prever quando irá chegar, nem sobre a sua causa nem quanto tempo irá durar.

Todos podem conquistar esses poucos e lindos momentos. As oportunidades aparecem, e dedicar-se em todos os aspectos da vida não é fácil, mas sempre rende muita felicidade.

Em geral, as pessoas focam em aspectos de relacionamento para se conquistar a felicidade, mas outros momentos também servem para ampliar esse sentimento tão lindo de ser sentido e nem sempre fácil de se conseguir.

Alguém pode dizer que é uma bobagem imensa falar em felicidade e trabalhos escolares, mas não é. As situações provam isso e muitos estudantes podem falar sobre ela:

– Quando percebi que havia terminado a apresentação e vi pelo rosto dos professores que eu havia me saído bem, respirei fundo e tive uma das sensações mais lindas da minha vida.

Só um trabalho bem-feito, em todo o seu conjunto, pode permitir a quem o executou a espera de um momento de felicidade.

A felicidade de um resultado positivo, diante de um trabalho, também pode fazer com que o autor queira dividir com os familiares, com os amigos e fique falando daquele acontecimento por um bom e longo tempo.

10. Dono do próprio conhecimento

Os instrumentos de ampliação do conhecimento estão espalhados pelos diversos locais de aprendizagem, sejam eles presenciais ou virtuais, e para isso basta que cada um aja em prol de si mesmo, objetivando tornar-se um ser melhor.

Para tanto, aquele que busca em si a transformação deve analisar alguns pontos para que isso aconteça:

a) Parte material
– Anotar o que o professor/orientador pede que se faça. Não confiar 100% na memória, pois ela costuma falhar.
– Dar a devida importância para a realização daquele trabalho.
– Desligar-se um pouco das redes sociais. Aproveitar o universo de informações úteis que existem disponíveis na Internet.
– Organizar as informações de que necessitará ao longo do processo de execução do trabalho.

b) Parte emocional
Itens emocionais que podem atrapalhar a execução de um trabalho com êxito:
– Ter dificuldade de compreensão do que é para fazer e ficar com **vergonha** de buscar maiores esclarecimentos.

A vergonha "do não saber" deve ser substituída pela força do "eu vou perguntar" e não se preocupar com que o outro dirá. Cada um deve se preocupar consigo mesmo, pois não se pode impedir o outro de observar o que fazemos nem de emitir comentários a nosso respeito, portanto a coragem de se expor e tirar dúvidas é fundamental para que se vença qualquer elemento negativo dentro de si.

Não há nenhum problema em não compreender, pelo contrário, pois surge a oportunidade para outros indivíduos ajudarem-no(a) a vencer esta questão. O problema está em não tomar nenhuma atitude para resolvê-la, mas desanimar e não empreender uma força interior para modificar-se. As dificuldades estão aí para ser vencidas.

– Existem textos realmente difíceis de ser interpretados, pois eles se destinam a um público específico, estudioso do assunto. O texto a seguir, colocado em um concurso para Analista Administrativo do Ministério Público da União em 2007 e analisado por Carla Queiroz Pereira, mestre em Linguística pela Unicamp, mostra isso:[16]

> 1. Os mitólogos costumam chamar de imagens de mundo certas estruturas simbólicas pelas quais, em todas as épocas, as diferentes sociedades humanas fundamentaram, tanto coletiva quanto individualmente, a experiência
> 5. do existir. Ao longo da história, essas constelações de ideias foram geradas quer pelas tradições étnicas, locais, de cada povo, quer pelos grandes sistemas religiosos. No Ocidente, contudo, desde os últimos três séculos uma outra prática de pensamento veio se acrescentar a estes
> 10. modos tradicionais na função de elaborar as bases de nossas experiências concretas de vida: a ciência. Com efeito, a partir da revolução científica do Renascimento as ciências naturais passaram a contribuir de modo cada vez mais decisivo para a formulação das categorias que a
> 15. cultura ocidental empregará para compreender a realidade e agir sobre ela.
>
> Mas os saberes científicos têm uma característica inescapável: os enunciados que produzem são necessariamente provisórios, estão sempre sujeitos à superação e à
> 20. renovação. Outros exercícios do espírito humano, como a cogitação filosófica, a inspiração poética ou a exaltação mística poderão talvez aspirar a pronunciar verdades últimas; as ciências só podem pretender formular verdades transitórias, sempre inacabadas. Ernesto Sábato assinala
> 25. com precisão que todas as vezes que se pretendeu elevar um enunciado científico à condição de dogma, de verdade final e cabal, um pouco mais à frente a própria continuidade da aplicação do método científico invariavelmente acabou por demonstrar que tal dogma não passava
> 30. senão... de um equívoco. Não há exemplo melhor deste tipo de superstição que o estatuto da noção de raça no nazismo.
>
> (Luiz Alberto Oliveira. "Valores deslizantes: esboço de um ensaio sobre técnica e poder", In **O avesso da liberdade**. Adauto Novaes (Org). São Paulo: Companhia das Letras, 2002. p. 191)

---

16 Disponível em: <http://aescritanasentrelinhas.com.br/2009/07/17/interpretacao-de-textos--questao-comentada-da-fcc/>. Acesso em: 5 jul. 2015.

2. Ainda sobre o primeiro parágrafo, é correto afirmar :

(A) O emprego da conjunção *contudo* (linha 8) evidencia que o autor considera os modos tradicionais de conceber o mundo incompatíveis com a ciência, que os substitui.

(B) Contém, implicitamente, a ideia de que a capacidade cognitiva é conquista do mundo ocidental, principalmente nos últimos trezentos anos.

(C) O emprego da expressão *Com efeito* (linhas 11 e 12) colabora para a consolidação da ideia de que a observação dos fenômenos naturais foi conquista do Renascimento.

(D) Sustenta a ideia de que, a partir do Renascimento, as ciências desenvolveram normas práticas para a conduta humana, com respeito a valores na esfera individual ou coletiva.

(E) A forma verbal *empregará* (linha 15) evidencia que o autor dá como fato consumado o prestígio da ciência, do Renascimento em diante, na constituição do modo ocidental de pensar e agir.

A) No que tange à elaboração das bases das experiências de vida, o ocidente se diferencia de outras partes do mundo. Enquanto nestas há somente influência das tradições étnicas e locais, bem como dos sistemas religiosos, naquele, a prática de pensamento na função de elaborar tais bases é a ciência, somada às tradições étnicas, locais etc.

Note que o autor, ao se referir à elaboração das bases concretas de vida no ocidente, diz: "no ocidente [...], outra prática de pensamento veio se acrescentar a estes modos tradicionais". Ora, se ele diz que outra prática, a ciência, veio se acrescentar, não há, no ocidente, exclusão dos modos tradicionais (das tradições étnicas e locais, bem como dos sistemas religiosos). Portanto, não há que se falar em substituição dos modos tradicionais pela ciência, conforme sugere a alternativa. Também não há incompatibilidade entre a ciência e os modos tradicionais. A ciência, no ocidente, é um acréscimo aos modos tradicionais na função de elaborar as bases das experiências concretas de vida.

B) O texto não contém, explícita ou implicitamente, a informação de que a capacidade cognitiva está associada à ciência (prática de pensamento acrescentada desde os últimos três séculos no ocidente), concluindo-se que ideias geradas somente pelas tradições étnicas e locais, bem como pelos sistemas religiosos, são desprovidas de cognição. O fato de o ocidente ter acrescentado a ciência na função de elaborar as bases das experiências concretas de vida não implica conquista de capacidade cognitiva pelo mundo ocidental.

C) Primeiramente, vale destacar que o conectivo "com efeito" serve para confirmar uma ideia*; tem funcionamento semelhante ao "de fato", "efetivamente" etc. Mas tal elemento de coesão não colabora para a consolidação da ideia de que a observação dos fenômenos naturais foi conquista do Renascimento, conforme afirmado na alternativa. O examinador confunde os sentidos de ciências naturais (geologia e biologia, por exemplo) e fenômenos da natureza (furacão, vulcão, tornado etc.).

D) Conforme lemos no texto, a partir da revolução científica do Renascimento as ciências naturais passaram a contribuir de modo cada vez mais decisivo para a formulação das categorias que a cultura ocidental empregará para compreender a realidade e agir sobre ela. O texto não fala em desenvolvimento, pela ciência, de normas práticas para a conduta humana, com respeito a valores na esfera individual ou coletiva.

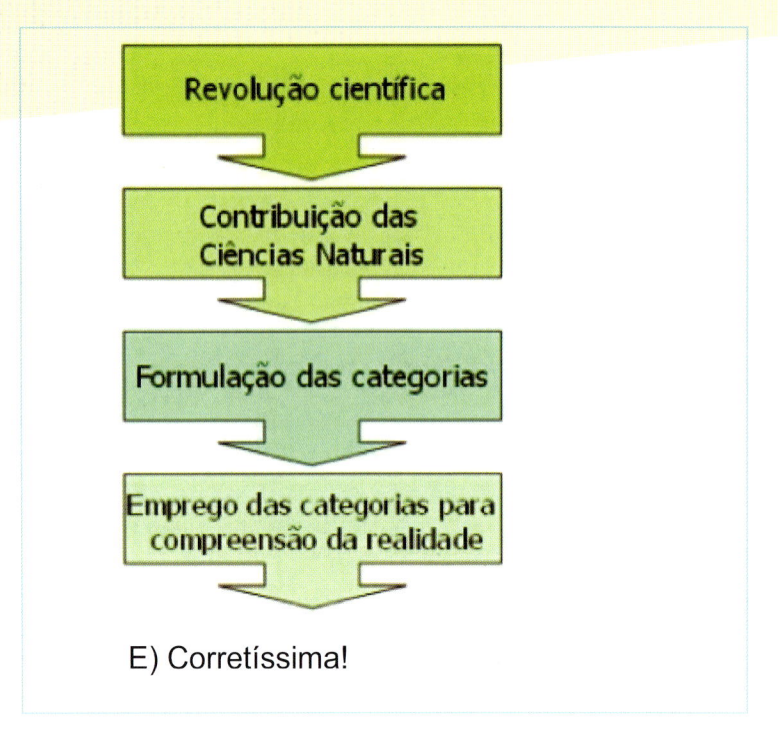

```
┌─────────────────────────┐
│   Revolução científica  │
└───────────┬─────────────┘
            ▼
┌─────────────────────────┐
│    Contribuição das     │
│    Ciências Naturais    │
└───────────┬─────────────┘
            ▼
┌─────────────────────────┐
│ Formulação das categorias│
└───────────┬─────────────┘
            ▼
┌─────────────────────────┐
│ Emprego das categorias para│
│ compreensão da realidade │
└─────────────────────────┘
```

E) Corretíssima!

Apesar da dificuldade do texto, nada impede que qualquer pessoa, com capacidade de leitura e com vontade de encontrar os significados das palavras, possa interpretar e saber exatamente do que se trata. Com **motivação** é possível a conquista.

Percebe-se, também, que o texto não é dirigido a alunos de 1º ou 2º Grau, mas para aqueles que pretendem ingressar na carreira objetivada pelo concurso.

> – Outro ponto é ligado à **autoestima** da pessoa. Às vezes ela tem uma visão muito inferior de si e acha que não poderia chegar a um nível alto de aprendizado. Juntam-se a autoestima baixa e a timidez e está pronto o quadro propício para não se avançar, tanto na elaboração de trabalhos melhores, quanto em sua própria formação como pessoa. Para esta situação é bom ter um olhar generoso sobre si mesmo e saber que as oportunidades aparecem, mesmo que seja em forma de um simples trabalho, e encarar os desafios vencendo situações que não contribuem para o crescimento e partir para a transformação que se quer em si.

– A **ansiedade**, atualmente, é considerada a grande vilã em várias situações da vida. Ela pode surgir a qualquer momento e precisa ser conhecida e controlada para que não cause prejuízos, principalmente quando se trata do cumprimento de tarefas escolares.
Esta questão fica evidente quando quem recebeu a missão de realizar o trabalho usa vários artifícios para protelar a sua execução e, depois, sob o acúmulo de atividades a realizar, fica ansioso e com a sensação de mal-estar. O melhor seria cumprir o que recebeu como tarefa e administrar a execução dela do que sentir a ansiedade, em cujo aspecto se precisa de mais conhecimento de si mesmo, conversa com alguém e disciplina emocional.
– A **irritabilidade** por ter tarefa a cumprir e não dispor de tempo para o lazer, os amigos, a boa vida. Infelizmente, ela precisa ser controlada, pois todos, para crescerem como pessoas, precisam passar por etapas em suas vidas, e a escolaridade é uma das mais importantes, pois modifica o indivíduo e também o espaço ao seu redor. Respirar fundo e aceitar são sempre boas saídas.

11. Momento da apresentação do trabalho – enfrentando a banca examinadora

— JÁ BOLOU O SEU TRABALHO?
— NÃO, AINDA NÃO TIVE UMA IDEIA.
— CRIATIVIDADE NÃO VEM DE QUALQUER JEITO! É PRECISO O CLIMA CERTO.
— QUE CLIMA É O CERTO?
— DESESPERO DE ÚLTIMA HORA.

No que diz respeito à defesa oral, pode-se afirmar que a maioria das crianças, jovens e adultos, ao saber que irá fazer uma apresentação, seja ela para um pequeno ou grande público, tem um sentimento estranho: mistura de medo com ansiedade, timidez e tensão. Estes sentimentos tornam aquele momento longo, interminável e parece até que têm o poder de destruir aquele que está ali, bem na frente de todos, para apresentar o resultado do que pesquisou.

Observe meu relato a seguir:

> Desde quando me tornei professora fui percebendo, ao longo dos anos, alunos em sofrimento nos momentos de apresentação de trabalhos. Isso me fez refletir sobre a influência da fala na vida deles. Muitos se sentiam (e ainda se sentem) desconfortáveis com a ação. Sempre me pareceu que falar em público, para alguns estudantes, é um momento de martírio e angústia. Por isso procurei, em minha carreira, orientar o aluno sobre como ele deveria se comportar e como não agir de forma descontrolada quando tivesse que se posicionar, expor sua opinião ou, simplesmente, falar sobre um tema que havia preparado. Para os que se dispõem a enfrentar o desafio e seguir, pequenas dicas, com certeza, têm dado certo. Alguns ainda não se sentem fortalecidos para a tarefa, mas vivem prometendo a si mesmos e a mim que, um dia, vencerão e conseguirão falar em público, de forma clara e firme. Eu lhes afirmo: nesse dia você vai ter a certeza de que o monstro não era tão grande como você imaginava.

Por isso, pode-se dividir em quatro grupos os tipos de pessoas em relação à apresentação de trabalhos:
    1 – aquelas que **temem** e **não sabem** apresentar.
    2 – aquelas que **temem** e **sabem** apresentar.
    3 – aquelas que **não temem** e **não sabem** apresentar.
    4 – aquelas que **não temem** e **sabem** apresentar.

1 – Aquelas que **temem** e **não sabem** apresentar.

A situação fica complicada para quem teme e não sabe como fazer. Com certeza chegará no momento da apresentação em um estado lastimável e falará de forma desordenada, cometendo deslizes e, na certa, provocará risos nos colegas. Para combater o <u>temor</u>, o preparo do que irá falar é o melhor remédio.

2 – Aquelas que **temem** e **sabem** apresentar.

Mesmo temendo se preparam e acabam por ter um resultado positivo, pois treinam antecipadamente, usam os recursos disponíveis para aprender como se dirigir ao público (seja ele formado por colegas de sala ou não). Mesmo com medo, vão e depois podem saborear a sensação de ter feito de forma boa a apresentação.

3 – Aquelas que **não temem** e **não sabem** apresentar.

Não levam a sério a tarefa que irão executar e, assim, brincam, fazendo gozações, desviando a atenção do(a) avaliador(a) e de quem assiste. Fica perceptível a falta de preparo, tanto no trato do assunto quanto em relação à importância dada à apresentação. O importante seria aproveitar a falta de temor e se esforçar, assim conquistaria um lugar bem especial e ficaria registrado como aquela apresentação foi maravilhosa.

4 – Aquelas que **não temem** e **sabem** apresentar.

São pessoas autoconfiantes e se preocupam com os detalhes, tanto da parte escrita, quanto da oral. Treinam muito antes do dia da apresentação. Solicitam que alguém as ouça antecipadamente, aceitam as críticas e se corrigem.
Devido ao esforço, costumam se sair bem. Como possuem essa característica positiva, tornam-se experientes na forma de apresentar trabalhos para públicos diversos.

11.1 Itens importantes em uma apresentação

11.1.1 Respiração

Inicialmente é bom observar os atos de respirar e de falar.

Através de uma respiração ofegante e de uma fala muito rápida pode-se demonstrar ansiedade. É sempre conveniente tentar acalmar-se. Respirar pausada e profundamente é um ótimo exercício para alcançar um estado de calmaria e tranquilidade.

A respiração pode também ser afetada pela má postura diante do público. Manter o controle de si mesmo e entender que aquele momento é a oportunidade de mostrar todo o empenho, estudo e dedicação para estar ali. Só o próprio estudante é capaz de dizer sobre como preparou todos os itens.

No dia da apresentação é conveniente evitar comportamentos fora da rotina e não estimular o emocional, de forma que possa atrapalhar a apresentação, como discussões em casa, sair atrasado para a apresentação, novidades na alimentação (justo no dia da apresentação), ingestão de bebidas estimulantes como as que contêm cafeína.

Para melhorar a respiração alguns exercícios podem auxiliar no momento da apresentação:
 a) Respirar, algumas vezes, pausadamente até sentir que está relaxando.
 b) Relaxar os ombros preguiçosamente, balançar levemente as mãos, respirar profundamente, relaxando os músculos. Juntar o respirar pausadamente com movimentos relaxantes, até sentir que a tensão nervosa diminuiu.

11.1.2 Voz

Não se pretende falar sobre a tonalidade da voz, se é estridente, aguda, desafinada, monótona... Pois qualquer que seja o tom, com exercícios simples, como a leitura de textos em voz alta, é possível alcançar bons resultados.

O que se pretende, inicialmente, é propiciar uma reflexão sobre a importância da voz nas apresentações de trabalho. Se quiser conhecê-la, uma pequena gravação torna possível descobrir os pontos a serem melhorados.

Algumas dicas podem auxiliar no melhor aproveitamento da voz:

a – Cantarolar sem força aumenta a ressonância da voz.

b – Engolir ou bocejar antes de falar. (Evidentemente não no momento da apresentação)

c – Durante a apresentação não deixar a cabeça <u>pender</u> para a frente, pois isso obstrui a garganta e diminui a emissão de som.

d – Treinar a <u>entonação</u>, pois há palavras ou trechos num trabalho escolar dos quais se pode tirar proveito. Às vezes é necessário um tom de lamentação, outras, um tom que passe energia. Podem-se <u>enfatizar</u> as frases de maior importância, variando o tom e a intensidade. É importante manter um tom médio: nem gritando nem cochichando, mas utilizando a voz para chamar a atenção para o que se quer falar.

e – Não deixar o volume da voz cair em todo final de frase, como se fosse encerrar a apresentação. Exemplo: começa num nível bom, diminui o volume, depois recomeça, e assim por diante, criando um vácuo na apresentação e incomodando quem ouve.

11.1.3 Cacoetes da fala

Observe o texto a seguir:

O Brasil, devido à forma como foi colonizado e ao desenvolvimento tardio, possui uma grande quantidade de pessoas vivendo abaixo da linha da pobreza...

Conforme dado oficial do Ministério de Desenvolvimento de Combate à Fome datado de 2011, existiam no Brasil, até esse ano, cerca de 16,27 milhões de pessoas em condição de "extrema pobreza", ou seja, com uma renda familiar mensal abaixo dos R$70,00 por pessoa. Receber esse valor não significa abandonar a pobreza por completo, mas somente aquela extrema.

> A pobreza não é uma condição exclusiva de uma região ou outra, como se costuma pensar. Praticamente todas as cidades do país (principalmente as periferias dos grandes centros metropolitanos) contam com pessoas abaixo da linha da pobreza.[17]

Imagine uma pessoa, que fosse fazer a apresentação deste texto como parte de um trabalho sobre "A fome no Brasil". Ela poderia começar a explicar desta forma:

> "**Éééé oooo** Brasil, ééé devid**oouu** à forma como fo**iiii** colonizado**oo ééé iiiiiii** ao desenvolvimento tardi**oooo**, possui uma grande quantidad**eee ééé** de pessoas vivend**oooo** abaixo da linha da pobrez**aaaa** e...
>
> A**hnhn**.. Conforme dad**oooo** oficial do Ministéri**oooo** d**eeee** Desenvolviment**oooo** de Combate **ààà** Fome datado de 2011, existiam **ééé** no Brasil, até esse ano, cerca de 16,27 milhões de pessoas **ééé** em condição de "extrema pobreza", ou seja, **ééé** com uma renda familiar mensal abaix**oooo** dos R$70,00 por pessoa. **ééé** Receber esse valor não significa abandonar a pobreza por completo, mas somente a pobreza extrema.
>
> **então**
>
> A**aaa** pobreza não é uma condição exclusiva de uma região ou outra, como se costuma pensar. **ééé** Praticamente todas as cidades do país **ahãã** (principalmente as periferias dos grandes centros metropolitanos) **ééé** contam com pessoas abaixo da linha da pobrez**aaaa**."

Ficaria cansativo para quem estivesse ouvindo e, com certeza, chamaria mais a atenção sobre a forma de falar do que sobre o texto de apresentação.

Outro exemplo utilizando a foto:

---

17 Texto adaptado de: <http://www.mundoeducacao.com/geografia/a-pobreza-no-brasil.htm>. Acesso em: 5 jul. 2015.

Foto: Kevin Carter (1960-1994). Disponível em: <https://41.media.tumblr.com/tumblr_m1tnbzEDK61r0tfmdo1_1280.jpg>.

"então...**ééé** Como vocês podem ver nest**aaaa** imagem ...**ééé ooo** urubu espera a morte **ahãã** da criança **ééé** que também tem fom**eeee**. **ééé** A gente pode refletir sobr**eee** o que ééé aconteceu com essa criança. E**eee** quem falhou com el**aaa**? **ahãã** Foi o governo**ooo**? O**uuu** foi cad**aaa** u**mmm** de nó**sss**?

Às vezes o(a) aluno(a), talvez pela falta de prática ou pela juventude, coloca em sua apresentação oral algumas gírias e vícios de linguagem, que não têm nenhuma utilidade e acabam depreciando o conteúdo.

Há casos que acabam cansando o ouvinte e desviando totalmente a atenção do assunto, devido à sua extrema repetição:
– Tipo assim... Essa foto é chocante!
– Mano, dá arrepio só de vê (esquecendo até o "erre" no final do verbo).
– Nossa, velho, tô mó triste com esta foto!
– Aí... Não dá pra ver essa foto, não é?
– Certo? Foto triste, certo?
– É chocante, entende?
– Tá... Não queria ver, mas tá, agora já vi e tá, não gostei!
– Hã, não entendi. Hã, ah... Hã...
– Hum, essa foto me abalô (sem "u" no final).
– Entende? É! A foto! Nossa, meu! Muito ruim, entende?
– O mundo precisa mudar, né? Assim não dá, né?
– Assim... Eu pensei que essas coisas ficassem longe da gente.

Assim, perto, é chocante. Assim, eu não passo bem com isso.
– Tipo eu hoje, vi a foto e fiquei mó triste.
– Mó situação sinistra, véio.
– Bom, se eu pudesse eu acabava com esta situação. Bom, se eu tivesse dinheiro, porque é triste ver a foto. Bom, pelo menos eu acho...
– Veja bem, se a criança tá assim é porque alguém não cuidou dela. Veja bem, eu não sou favorável, mas também não sou contra. Veja bem, é isso que eu penso.
– Então... A minha opinião é que precisa fazer alguma coisa (em início de apresentação fica fora do contexto, pois "então" dá ideia de sequência e não se pode dar sequência a alguma coisa que nem começou).

Os PCNs preconizam que se devem formar falantes competentes, nos âmbitos formal e informal, portanto é papel das instituições oferecer a oportunidade dessa prática. Apresentar trabalhos e mostrar as diferenças textuais é de suma importância para adquirir este tipo de competência linguística.

Portanto, falar bem requer prática, dedicação, vontade de acertar. Mudança no tom de voz, na velocidade da fala, evitar o uso excessivo de pausas e comentários como "hmmm", "hã", "ééé" ou "você sabe".

Para auxiliar neste processo os exercícios de trava-línguas ajudam bastante.

Trava-línguas, em geral, não têm sentido, apenas servem como auxiliares no melhor uso da fala.

Devem ser repetidos até que se consiga falar sem se atrapalhar:
– A naja egípcia gigante age e reage hoje, já.
– A aranha arranha a rã. A rã arranha a aranha. Nem a aranha arranha a rã. Nem a rã arranha a aranha.
– A vaca malhada foi molhada por outra vaca molhada e malhada.
– A vida é uma sucessiva sucessão de sucessões que se sucedem sucessivamente, sem suceder o sucesso.
– Bagre branco, branco bagre.
– Caixa de graxa grossa de graça.
– Disseram que na minha rua tem paralelepípedo feito de paralelogramos. Seis paralelogramos tem um paralelepípedo. Mil

paralelepípedos tem uma paralelepipedovia. Uma paralelepipedovia tem mil paralelogramos. Então uma paralelepipedovia é uma paralelogramolandia?
- Há quatro quadros três e três quadros quatro. Sendo que quatro destes quadros são quadrados, um dos quadros quatro e três dos quadros três. Os três quadros que não são quadrados são dois dos quadros quatro e um dos quadros três.
- O pelo do peito do pé do Pedro é preto.
- O que é que Cacá quer? Cacá quer caqui. Qual caqui que Cacá quer? Cacá quer qualquer caqui.
- O rato roeu a roupa do Rei de Roma, a rainha com raiva resolveu remendar.
- O tempo perguntou pro tempo quanto tempo o tempo tem. O tempo respondeu pro tempo que o tempo tem tanto tempo quanto tempo o tempo tem.
- Quem a paca cara compra, paca cara pagará.
- Se cada um vai à casa de cada um é porque cada um quer que cada um lá vá. Porque se cada um não fosse à casa de cada um é porque cada um não queria que cada um fosse lá.
- Toco preto, porco fresco, corpo crespo.
- Tecelão tece o tecido em sete sedas de Sião. Tem sido a seda tecida na sorte do tecelão.
- Três pratos de trigo para três tigres tristes.
- Um ninho de mafagafos tinha sete mafagafinhos. Quem desmafagafizar esses mafagafinhos bom desmafagafizador será.
- Um ninho de carrapatos, cheio de carrapatinhos; qual o bom carrapateador que o descarrapateará?

11.1.4 Linguagem

- Deve ser o mais clara possível. Se houver alguma palavra desconhecida é bom se informar sobre o significado antes de usá-la. Se for uma palavra cuja pronúncia é difícil, treinar anteriormente.
- Não fale palavrões ou linguagem grosseira e imoral. Ao invés de cativar quem está ouvindo, provocará rejeição às suas ideias.

– Utilizar o plural das palavras corretamente.
– Articular bem as palavras, pronunciando claramente as vogais e consoantes (principalmente as do final de cada palavra).

PRONÚNCIA ERRADA	PRONÚNCIA CORRETA
Própio	Próprio
Onti	Ontem
Fazê	Fazer
Vamu	Vamos
Adevogado	Advogado
Prazeirosamente	Prazerosamente
Poblema	Problema
Seje	Seja
Ansiosidade	Ansiedade
Estreiar	Estrear
Curriculuns	Currículos
Previlegiado	Privilegiado
Degrais	Degraus
Discartável	Descartável
Meia atrasada	Meio atrasada
Meio-dia e meio	Meio-dia e meia
Meia sonolenta	Meio sonolenta
Menas pessoas	Menos pessoas
A gente sabemos	Nós sabemos
Para mim fazer	Para eu fazer
Tamém	Também

11.1.5 Expressão Corporal

Muito se tem dito sobre as expressões corporais e através delas pode-se, muitas vezes, perceber o que o outro sente ou pensa.

Nas situações de convívio social é possível captar intenções das pessoas através de suas posturas corporais, como por exemplo: o ansioso, que pode bater o pé repetidamente ou cutucar os dedos das mãos, roer as unhas.

O fato de cruzar os braços defronte ao peito pode representar um sinal de resistência ao que está sendo falado ou ainda certo descaso ante o interlocutor.

O treinamento para uma apresentação, portanto, faz com que o momento fique elegante, cative quem ouve e se consiga atingir o objetivo desejado.

Para isso evite mãos nos bolsos ou nas costas, cruzar os braços, gesticular excessivamente, apoiar-se sobre uma das pernas, movimentar-se de maneira desordenada, relaxar a postura do tronco com os ombros caídos, mexer a cabeça demasiadamente, transmitir sinais de <u>arrogância</u> ou de timidez.

Pessoas *confiantes* deixam o peito em uma postura ereta, sem estufar demais para não parecer <u>pedantismo</u>, como quando inclinam o queixo, gesticulam bastante e simulam um olhar de superioridade, caminhando destemidas por aí.

A *timidez* e a *insegurança* atrapalham muitas pessoas na hora da apresentação, pois se apresentam com as costas curvadas, cabeça encolhida e um olhar medroso constantemente voltado para o chão. Se mudassem um pouco a postura, isso já lhes ajudaria bastante, como, por exemplo, ficar mais eretas, erguer um pouco o pescoço e olhar para as pessoas presentes. A postura traria segurança. Não se pode mudar o outro. Só se muda a si mesmo!

É possível notar, também, quando uma pessoa está *impaciente*, pois tamborila os dedos sobre a mesa, ou, quando está sentada, faz o movimento de chacoalhar as pernas repetidamente.

Há quem afirme que até mesmo a posição dos olhos revela segredos. Dependendo do lado para onde se está olhando – para a esquerda, direita, para cima e para baixo – é possível saber se a pessoa está mentindo, relembrando um fato, buscando algo em sua memória ou simplesmente pensando em outra coisa.

Quando a tensão aumenta, muitas pessoas comprimem os lábios em sinal de nervosismo, o que é mais comum por estarem com medo da situação que estão vivendo.

Em geral, o medo no momento da apresentação é resultado do sentimento de estar sendo julgado pelo outro, mesmo que seja por um trabalho, e muitos não gostam dessa possibilidade.

Para o momento da exposição e desejando passar confiança e segurança, pode-se colocar uma perna na frente, outra atrás, um pouco dobrada. Lembre-se de que não há necessidade de ficar parado, como se fosse uma estátua. As movimentações devem ser suaves e, se houver material impresso para consultas, é bom manter-se próximo dele, evitando andar de um lado para outro nervosamente, o que muitas vezes acaba por gerar desagrado em quem está ouvindo, além de poder ocasionar embaraço, caso necessite consultar e encontrar-se distante.

Exposições em grupo também devem ser bem ensaiadas e combinadas. É muito desagradável quando um aluno fala e os demais integrantes do grupo conversam entre si ou riem.

Há demonstração de falta de sincronismo quando chega o momento de o outro falar e ele não sabe o que fazer, nem sabe em que parte da exposição o colega estava.

Por isso, a atenção ao modo como todos se apresentam também deve ser observada e modificada, caso demonstrem descaso, tais como: pé na parede, dancinhas para lá e para cá, brincadeiras inconvenientes. Todos devem estar concentrados, pois o trabalho foi realizado em grupo e a apresentação assim também deve ser. A avaliação valerá para todos e passar uma boa imagem do conjunto é sempre muito importante.

Outro aspecto a destacar é sobre o olhar no momento da apresentação. Ele não deve ser excessivamente <u>incisivo</u> em direção ao avaliador/professor, do tipo que não lhe permite nem piscar, até constrangendo quem avalia. Nem deve ser um olhar de divagação, como se a tarefa não exigisse concentração.

Para suavizar esse momento pode-se olhar um pouco para o avaliador/professor, um pouco para um colega, depois para outro... Treinando desta forma, perceberá que atrairá e dominará mais facilmente toda a plateia.

Aprender a interpretar a linguagem corporal é uma grande habilidade, pois muito da comunicação <u>interpessoal</u> não é verbal. Observar as expressões faciais, a postura, os gestos e o contexto em que estão inseridas faz uma grande diferença no mundo da comunicação.

Gestos sem nenhuma utilidade devem ser evitados: ficar arregaçando as mangas como se estivesse pronto para lavar louças não ajuda a apresentar e passa uma sensação de ansiedade e de desconforto de quem está ali para apresentar o trabalho.

Mascar chiclete na hora da apresentação não combina. Se sentir que a garganta fica seca, tomar um gole de água é aceitável, mas não se deve esquecer de que o período de apresentação é de um tempo tolerável e possível de aguentar.

Muito mais importante do que saber sobre a representatividade dos gestos é estudar bastante o que precisa falar; expor em voz alta e clara. Explicar o que se sabe para outras pessoas desenvolve a segurança pessoal e uma postura mais firme e convincente.

11.1.6 Saber ouvir

Parece que ouvir é um processo bem natural para o ser humano, mas nos últimos tempos percebe-se que há pouco investimento individual neste recurso tão precioso. Ouvir é muito mais complicado do que muitas pessoas imaginam.

Ouvir é prestar atenção no outro. É assimilar o que ele diz. A capacidade de ouvir permite ao ouvinte a possibilidade de colocar-se na situação da outra pessoa, mesmo quando se refere à apresentação de trabalhos, cabendo uma postura que vai além da <u>empatia</u>, que é a do respeito, da solidariedade e da amizade.

É ter a capacidade de refletir sobre o que está sendo falado, podendo ter a sua própria opinião sobre o assunto, desenvolvendo dessa forma a sua individualidade.

Algumas pessoas não conseguem se comportar de modo adequado quando o colega está apresentando: conversam, cochicham, mexem em papéis e livros. Se a escola permite, usam até seus celulares, desviando totalmente a atenção do apresentador e deixando-lhe a sensação de que não está se saindo bem, apesar de que, na maioria das vezes, o problema está com o ouvinte mal educado.

Ao estar no papel de ouvinte, não interrompa quem está falando. Se forem observações importantes, faça uma anotação e, ao final, ou quando for possível, peça licença para perguntar o que deseja. Há apresentações em que não são permitidas intervenções por parte do público, portanto é sempre bom saber se haverá essa possibilidade.

É muito agradável para quem expõe um trabalho perceber que o(s) ouvinte(s) está(ão) atento(s) e interessado(s) no assunto. Gestos <u>sutis</u> podem indicar a preferência como o balançar leve de cabeça positivamente, um pequeno sorriso, um olhar atento. Envolver o ouvinte com o assunto que se apresenta requer prática, mas sempre se pode conseguir após algum treinamento.

11.1.7 Assertividade

É evidente que as pessoas que desejam se comunicar devem utilizar os recursos apropriados para cada situação. E pode-se ainda afirmar que uma situação nunca é igual à outra. Por exemplo, apresentar o mesmo trabalho em locais ou para pessoas diferentes requerer adaptações, tanto para o ambiente como para o público que lá estará.

O objetivo em qualquer comunicação é se sair bem: ser compreendido no que se propôs a fazer. Para isso é importante ser fiel aos seus próprios pensamentos, crenças e sentimentos. Lembre-se de que viver em sociedade requer comportamentos aceitáveis, cujas regras nem sempre estão escritas, mas que fazem parte da convivência.

A simpatia e as boas relações tornam mais suaves quaisquer circunstâncias. Usar a <u>assertividade</u> faz com que a simpatia dos outros se volte para aquele que tenta se comunicar ou apresentar seu trabalho ou projeto.

Não é adequado durante a apresentação de um trabalho (seja em grupo ou individualmente) fazer críticas indiretas ou implícitas sobre a instituição ou professores e avaliadores.

Para ser <u>assertivo</u>, evite mensagens inadequadas, pois elas tornam o momento da apresentação um desastre. Por exemplo:

- Já que o professor estragou a minha semana, vou apresentar, né!
- Vocês, professores, pensam que nós, alunos, não temos o que fazer e ficam dando coisas pra gente apresentar.
- Esta escola não ajuda ninguém.

As adequadas seriam:

- Já que eu fiz (ou fizemos) o trabalho, irei (iremos) apresentar com carinho e responsabilidade.
- Professor, nós sabemos que você quer o nosso bem, e conseguimos aprender muito com este trabalho.
- Fico feliz em estudar aqui. Sou respeitado e todos têm colaborado comigo!

11.1.8 Boas maneiras são bem-vindas

Todos gostam de ser tratados com educação e respeito. Se for em momentos especiais da vida, então, nem se fala. Em situações de tensão, estresse, que ocorrem em apresentações de trabalho, sejam elas de que nível for, receber de alguém um tratamento compreensivo sobre o seu estado emocional é muito bom.

Por outro lado é desagradável apresentar o trabalho e perceber que o avaliador está disperso, desatento, carrancudo. O que se pode fazer nesta situação? Nada! Por que não se pode falar ao professor/orientador: "O senhor poderia ficar mais simpático enquanto eu me esforço para apresentar o que pesquisei?"? Não é possível, pois seria falta de educação e nada cortês por parte do aluno. O único jeito é buscar dentro de si forças para demonstrar que não percebeu que ele(a) está naquele estado. Importante relembrar que: só podemos modificar a nós mesmos!

Se o professor/orientador for uma pessoa de fácil acesso pode--se, posteriormente, procurá-lo e perguntar se há algo errado. Em um tempo em que as pessoas estão mais voltadas para si mesmas do que para o outro, traria, com certeza, um conforto ao professor, pois alunos e professores são seres iguais.

Reclamar com a diretoria por episódio de mau humor não surte bom efeito. Há algumas situações que precisam ser resolvidas pelas partes e em momentos próximos ao acontecido. Evidentemente se for caso de agressão ou outras situações negativas ligadas aos relacionamentos devem-se tomar providências.

Há expressões que são tão negativas que não auxiliam professores/avaliadores/orientadores nem alunos. Exemplos:

> "Detesto que... Odeio quando... Não suporto que..."
> Expressões mais suaves ficam melhores:
> "Não gosto de...", "Essa situação não é boa...", "Não seria melhor se nós..."

Falar de forma mais gentil e educada ajuda a aproximar as pessoas e faz com que percam o medo de se dirigirem umas às outras. Atitudes e palavras positivas colaboram para uma melhor receptividade.

Há falta de compreensão no mundo e cada um precisa se esforçar para dar a sua parcela de contribuição.

Uma situação não agradável é colocar avaliadores em xeque: "Por que para o grupo tal o senhor deu uma nota boa e para o meu grupo foi inferior?". O melhor é ser educado e perguntar: "O que faltou em meu trabalho para que eu não obtivesse uma nota maior?".

Perder o controle emocional e gritar, bater porta, sair da sala sem permissão não faz com que notas subam, pelo contrário, essas atitudes trazem um transtorno enorme para quem pratica e, principalmente, o sentimento de falha.

11.1.9 Vestuário

Uma dúvida <u>recorrente</u> com relação ao dia da apresentação oral do trabalho é: "Com que roupa eu vou?".

Se a apresentação de trabalhos ocorrer em dias normais de aula e os alunos já estiverem com os uniformes costumeiros, não há o que se discutir, mas, se há um dia especial para essa finalidade, então, é bom levar em consideração algumas dicas.

O bom senso sempre deve prevalecer, e apresentações não são desfiles de moda. O fato de se tratar de alunos jovens não dá a opção de "vou vestir o que eu quero e pronto!" Por quê? Porque há uma convenção social não escrita, mas preestabelecida de que algumas roupas servem para alguns tipos de atividades.

As mulheres em especial não devem usar minivestidos, minissaias nem decotes ousados ao apresentar um trabalho escolar. Excesso de bijuterias também não fica bem. A discrição deve ser sempre a melhor opção. Para acertar nas escolhas é bom pensar que se deve usar uma roupa que ficaria boa em uma seleção de emprego, em especial naqueles bons, que têm salários encantadores, além de uma série de benefícios. Ninguém irá vestido como se fosse para uma festa.

O uso do salto alto deve ser moderado. É extremamente ruim quando se põe um sapato alto demais e se necessita ficar um longo tempo em pé. Um salto mais baixo deixará a pessoa mais tranquila para fazer o que precisa: apresentar o trabalho.

Quanto aos homens o bom senso também deve prevalecer. Se não for o caso dos tradicionais uniformes, é conveniente usar uma roupa discreta, portanto não se deve ir de bermudas. Chinelo, nem pensar. Camisas parcialmente para fora da calça devem ser evitadas.

Nem é preciso falar que elásticos de cuecas à mostra não ficam bem em nenhum momento.

Para uma boa apresentação, deve-se ir de barba feita e não exagerar nos penteados à base de gel.

O mundo, atualmente, se preocupa com cores: os estudiosos de marketing fazem estudos para descobrir a melhor forma de alcançar o cliente. E com relação às roupas ocorre a mesma coisa. Cores passam mensagens e podem modificar até o semblante de quem as usa.

Se o(a) aluno(a) não tem quantidade nem cores de roupas variadas este não será o motivo para que o trabalho fracasse. Dentro da simplicidade também é possível fazer boas escolhas. Não se pode nem imaginar que será prejudicado por isso. Sempre é possível encontrar soluções práticas e de bom efeito. Com muita criatividade pode-se encontrar a solução. O importante é saber que a roupa e a cor não devem chamar mais a atenção do que o conteúdo a ser apresentado.

O sucesso da apresentação oral de um trabalho engloba vários itens que foram sendo realizados: pesquisa, leituras, conteúdo escrito. Já a apresentação engloba o conhecimento do que se vai falar, a postura corporal, o contato visual, o tom de voz, a capacidade de comunicação, e o vestuário, portanto é um conjunto que fará com que obtenha uma nota máxima e a sensação de ter cumprido a tarefa que lhe foi destinada.

11.1.10 Dia da apresentação

O conteúdo a ser apresentado deve ser preparado com empenho e carinho, pois aquele é o momento de mostrar quanto se dedicou e qual é o resultado do estudo. O material serve de roteiro para que o aluno siga, mas é bom frisar que leituras de todo o trabalho não são bem-vindas. Ler um ou outro trecho é aceitável.

Por isso o treino prévio em casa é importante. Ler várias vezes, explicar aos amigos, aos familiares ou mesmo falar em voz alta para si mesmo auxilia a relaxar um pouco a tensão do momento de apresentar.

É importante saber quanto tempo terá disponível para se dirigir à banca avaliadora (ou professores avaliadores) e cumpri-lo rigorosamente.

Se houver o uso de recursos audiovisuais, é importante checar o funcionamento antes do início da apresentação. O trabalho deverá ser totalmente do conhecimento do aluno, pois aparelhos falham, a energia elétrica pode faltar e outras eventualidades podem acontecer com qualquer um. Ter o trabalho consigo em diversos tipos de mídia pode auxiliar diante dos imprevistos. Estar preparado para as eventualidades faz parte do trabalho.

Ao chegar a sua vez, cumprimente a banca de forma sutil e sem estardalhaço ou brincadeiras, mesmo que já conheça os professores. Não é o tipo de cumprimento para auditório de programa de TV e, sim, cumprimento para avaliadores de trabalho escolar.

Respire fundo e aguarde o sinal da banca para que inicie. Não se deixar levar pelo nervosismo e não esqueça as dicas citadas anteriormente.

Fale de forma clara, demonstrando segurança, tendo a certeza em si de que o autor do trabalho é quem mais sabe sobre os caminhos percorridos para chegar ao resultado que ora apresenta.

Ao perceber que a explanação está para ser encerrada, pode-se falar sobre alguns pontos que, porventura, tenham sido deixados de lado, mas que considere importantes para a apresentação.

Finalmente, não se esqueça de agradecer... e se colocar à disposição para eventuais perguntas.

Glossário

A

Abnegação – s.f. Renúncia, sacrifício.

Abordagem – s.f. Ação ou efeito de abordar. Assalto a um navio inimigo, a uma posição terrestre: ao sinal de abordagem, todos se prepararam. Colisão de dois navios. Abordagem de um texto, estudo, interpretação do texto.

Abstract – palavra em inglês cuja tradução para o português é resumo.

Abstraído – adj. Abstrato. Absorto, concentrado. Distraído, alheado. Algo ou alguém que se abstraiu. Que se mantém muito separado, distante de algo ou de alguém.

Abstrata – adj. Que designa uma qualidade, ação, ou estado, considerados em si mesmos, independentemente dos seres com que se relacionam.

Acadêmico – adj. Relativo à academia ou que a ela pertence. Estilo acadêmico, estilo em que se faz sentir a preocupação de aplicar os princípios da arte oficial. Universitário: cursos acadêmicos. s.m. Membro de uma academia; em particular, da Academia Brasileira de Letras. Estudante universitário.

Agregar – v.t.d. Fazer a reunião de muitas coisas, pessoas, elementos etc., num só corpo (local): agregou no livro as suas crônicas. Ocasionar o agrupamento de (indivíduos ou coisas); reunir: agregou os alunos para a palestra. v.bit. Fazer com que fique anexado ou associado; anexar-se: ao livro de poesia agregou as crônicas; preferiu agregá-la ao setor financeiro.

Alvenaria – s.f. Material com o qual são construídas paredes, muros etc; geralmente. Obra executada com tijolos, pedras brutas, cantaria etc., unidos por meio de argamassa, cimento, gesso.

Âmbito – s.m. Área que circunda ou envolve algo. Figurado. Campo de atuação; domínio de uma ação ou pensamento; esfera de um espaço, em que acontece algum tipo de trabalho, ocupação ou diversas atividades: era um objeto de estudo no âmbito da biologia.

Ampliar – v.t. Tornar amplo; alargar, dilatar, estender, aumentar. Fig. Expor, explanar, desenvolver.

Aprimoramento – s.m. Ação ou efeito de aprimorar ou aprimorar-se. Ato ou desenvolvimento que consiste em tornar-se melhor; fazer com que fique perfeito; esmero ou apuro.

Apurada – adj. Escolhido por melhor; seleto; fino: gosto apurado. Livre de impurezas. Correto, perfeito, cheio de elegância e nobreza: falar apurado. Verificado, averiguado com esmero.

Arrancar – v.t. Tirar da terra, arrebatar com força, obter com esforço ou astúcia.

Arrogância – s.f. Atitude altaneira; altivez; orgulho; insolência.

Aspecto – s.m. A face exterior de algo; aparência. Ponto de vista.

Assertividade – s.f. Particularidade ou condição do que é assertivo.

Assertivo – adj. Que possui uma afirmação categórica; afirmativo. Psicologia. Que expressa segurança ao agir; que se comporta de maneira firme; que demonstra decisão nas palavras.

Atribulações – v.t. Dar ou atribuir (a coisas ou fatos) proporções maiores do que as reais.

Avolumar – v.t. e v.i. Aumentar o volume de. Encher. Fazer volume, tomar muito lugar. Tornar-se volumoso.

B

Bacharelado – s.m. Designação do grau de bacharel; indivíduo que alcançou o grau de bacharel; bacharelato. O curso em que se pode conseguir o grau de bacharel.

C

Cacoete – s.m. Movimento involuntário muscular do rosto ou do corpo; mau hábito; mania, trejeito.

Coerência – s.f. Ligação de um conjunto de ideias ou de fatos cujo resultado é lógico. Característica daquilo que tem lógica e coesão; nexo. Gramática. Colocação dos elementos textuais que, embora possuindo significados diferentes, são interligados de modo a fazer com que um texto possua sentido completo, tornando-se claro e compreensível: coerência textual.

Compatível – adj. Que pode coexistir ou concordar com outro: caracteres compatíveis; medicamentos compatíveis. Diz-se de máquinas que podem ser conectadas. Diz-se de discos que se podem ouvir em monofonia e em estereofonia.

Complexo – adj e s.m. Característica do que é complicado ou difícil: processo complexo. Que não há percepção, entendimento, clareza; confuso: indivíduo complexo.

Concisa – adj. Resumido ao essencial; sintetizado em poucas palavras; preciso ou sucinto: um texto conciso; deixou seu comentário sucinto na revista. P.ext. Caracterizado por se exprimir resumidamente; diz-se daquilo que é sintético; lacônico: um escritor conciso.

Consciência – s.f. Conhecimento ou sentimentos próprios que auxiliam uma pessoa a perceber o que acontece na sua própria vida. Noção caracterizada pela separação moral do que é certo ou errado: nunca esteve bem com sua consciência.

Consenso – s.m. Conformidade, igualdade de opiniões, pensamentos, sensações ou sentimentos; acordo entre várias pessoas; consentimento, anuência. Pensamento comum. Ação de aprovar; dar consentimento: aguardava o consenso do gerente acerca de sua solicitação.

Consistência – s.f. Estado de um líquido que tende para a forma sólida. Estado de resistência de um corpo. Fig. Firmeza, solidez; coerência na exposição de ideias.

Constância – s.f. Reprodução constante de um mesmo fato ou fenômeno: a constância das chuvas. Particularidade do que é constante; qualidade do que é contínuo. Característica da pessoa que cumpre suas obrigações com retidão e assiduidade. A quantidade de vezes que alguma coisa se repete; repetição que ocorre num lugar ou sob uma condição e situação específicas.

Constrangimento – s.m. Ação ou efeito de constranger ou de se constranger. Uso da violência física contra outra pessoa; coação. Circunstância vergonhosa; situação de completo embaraço; vexame. Demonstração de timidez.

Contexto – s.m. A relação de dependência entre as situações que estão ligadas a um fato ou circunstância: o contexto social da ditadura. O que compõe o texto na sua totalidade; a reunião dos elementos do texto que estão relacionados com uma palavra ou frase e contribuem para a modificação ou esclarecimento de seus significados.

Credibilidade – s.f. Particularidade, idiossincrasia ou qualidade do que é crível. Pouco usual. Característica de quem consegue ou conquista a confiança de alguém; que possui crédito. Qualidade do que é confiável.

Cutucar – v.t. Dar sinal tocando com o dedo, ou pé ou algum objeto.

D

Delimitado – adj. Divisado e limitado. Que recebeu limites.

Descompromissada – adj. aquela que se sente sem compromisso.

Desleixo – s.m. Ação ou efeito de desleixar ou desleixar-se; desleixamento. Ausência de atenção; falta de cautela, zelo. Falta de força; desânimo.

Determinação – s.f. Ação de determinar. Demarcação. Definição, indicação ou explicação exata. Resolução, decisão. Prescrição, ordem. Coragem.

Disformes – adj.m. e adj.f. Que não de adequa a um padrão normal; que é irregular; que apresenta deformação; desconforme ou desproporcionado. Cuja forma é irregular; que não possui forma; que é grotesco; desagradável ou grotesco.

Divergir – v.t. Discordar.

Durabilidade – s.f. Particularidade ou estado que é durável; qualidade daquilo que dura (por muito tempo); duração ou resistência.

E

Efêmero – adj. Que tem duração de um dia: sucesso efêmero. Característica do que tem pouca duração; temporário. s.m. Que possui caráter temporário; de curta duração.

Efemeridade – s.f. Característica do que é efêmero.

Eficaz – adj. Que contém eficácia. Que possui a capacidade de desenvolver, em circunstâncias normais e sem ajuda externa, certo resultado; efetivo: segurança eficaz. Que não falha; em que há segurança e validade; infalível, seguro ou válido. Que consegue persuadir; convincente. Que é capaz de alcançar o resultado desejado; útil. Que consegue realizar com perfeição certa função, ofício ou tarefa; produtivo. Capaz de atuar com eficiência.

Embasamento – s.m. Arquitetura. Base que é capaz de sustentar uma construção; alicerce ou envasamento. Figurado. Tudo aquilo que pode ser utilizado para fundamentar (alguma coisa); fundamento.

Empatia – s.f. Aptidão para se identificar com o outro, sentindo o que ele sente, desejando o que ele deseja, aprendendo da maneira como ele aprende etc. Quando alguém, através de suas próprias especulações ou sensações, se coloca no lugar de outra pessoa, tentando entendê-la.

Enfatizar – v.t.d. Ressaltar ou destacar - em que há ênfase: enfatizar os aspectos positivos. Usar de ênfase: ele enfatiza demais.

Entonação – s.f. Ato ou efeito de entonar; entoação.

Esmiuçar – v.t.d. Dividir em partes muito pequenas; fragmentar. Reduzir a pó; transformar em pequenos pedaços; pulverizar. Analisar com riqueza de detalhes; investigar de modo detalhado. v.bit. Examinar ou explicar de maneira minuciosa.

Estipular – v.t. Formular de maneira muito nítida uma cláusula, uma convenção num contrato; ajustar, convencionar, determinar, explicitar.

Exacerbado – adj. Aquilo que se agravou ou excedeu.

Exagerar: v.t. Dar ou atribuir (a coisas ou fatos) proporções maiores do que as reais. Exceder na medida; ultrapassar: exagerar uma notícia.

Êxito – s.m. Consequência, resultado gratificante; acontecimento bem-sucedido; sucesso.

Extrair – v.t. Retirar algo do lugar onde está.

F
Falível – adj. Em que pode haver falha; suscetível ao erro; que pode cometer engano(s).
Ficha Catalográfica – dados sobre uma obra, como autor, editora, ano de publicação, ISBN e assunto, colocados no verso da folha de rosto.
Frustração – s.f. Ação de frustrar. Estado de um indivíduo que, por não ter satisfeito um desejo ou tendência fundamental, se sente recalcado, complexado.

G
Gama – s.m. Série de sentimentos, pensamentos, ideias. Conjunto de coisas variadas. Série.

H
Heterotrófico – Biol. Diz-se dos seres que encontram em outros organismos a fonte de sua nutrição. Bot. Diz-se da planta encontrada em solos aparentemente muito diversos dos de seu habitat natural.

I

Iglu – s.m. é uma pequena casa, temporária, de inverno dos esquimós, feita com blocos de gelo e erguida em forma de cúpula.

Inserida – adj. Que foi introduzido ou incluído; inserto.

Impasse – s.m. Situação difícil de que parece não haver saída favorável, embaraço, "beco sem saída". Algo que causa dificuldade, embaraço.

Implicar – v.t. e v.i. Embaraçar, envolver, enredar. Dar a entender. Tornar necessário, indispensável.

Implícito – É o que está subentendido ao invés de explicitamente expresso, aquilo que é dito através das entrelinhas. Que não está claro.

Impositivo – adj. O que é imposto, independente da aceitação de alguém.

Incisivo – adj. agudo, decisivo, eficaz.

Incumbência – s.f. Dever, tarefa, encargo, missão.

In Loco – no local.

Interlocutor - s.m. Aquele que fala com outra pessoa, que toma parte em um diálogo.

Interpessoal - adj.m.f. Que se refere ao relacionamento entre duas ou mais pessoas.

Intrínseco – adj. Que está dentro, que faz parte, característica que é peculiar em alguma coisa.

L

Lato sensu – Expressão em latim que significa, "em sentido amplo"

Licenciatura – s.f. Conferir o grau de licenciado para um estudante.

Louvável – adj. Digno de louvor; que merece respeito.

M

Mídia – s.f. Qualquer suporte de difusão de informações: rádio, televisão, imprensa escrita, livro, computador.

Minuciosamente - Adv. de modo minucioso; com extremo cuidado em relação ao mínimo pormenor; pormenorizadamente.

N

Notório – adj. Sabido de todos ou de muitos; público. Claro, patente.

P

Palafita – s.f. Casa construída acima d'água, de lago ou de terreno alagado, sobre estacas fixas no fundo.

Paradoxo – s.m. Conceito que é ou parece contrário ao comum; contra senso, absurdo, disparate.

Parcialmente – Adv. Que é feito de modo parcial, pouco a pouco.

Particularidade – s.f. Pormenor; algo muito próprio de alguém, de uma situação ou objeto.

Pedantismo – s.m. Comportamento, ação ou maneira de proceder da pessoa pedante (Característica do que ou de quem ostenta certa cultura ou erudição).

Pender – v. Estar suspendido ou inclinado.

Pensamento Crítico – exposição de ideia de forma a julgar uma situação ou texto. O pensamento crítico deve ter fundamentação.

Perfeccionista – adj. Pessoa que tem mania de perfeição em tudo que faz.

Perfeccionismo – s.m. Atitude de quem ama a perfeição, que busca o aperfeiçoamento.

Perseverar - v.t.d. e v.i. Possuir perseverança; insistir numa carreira, num trabalho, numa empresa; ser estável; permanecer.

Pertinente – adj. Relativo, concernente, pertencente. Que vem a propósito.

Postura Inadequada – Posição não correta do corpo. Atitude incorreta.

Prosencéfalo – s.m. É a porção mais afastada da medula. A partir dele se desenvolvem os hemisférios, nos quais se encontram os centros de integração sensorial complexa, os das ações motoras voluntárias e os da memória. O prosencéfalo limita a escolher "um objetivo e encaminhá-lo para uma ação através do seu desejo".

Protagonismo Juvenil – A palavra protagonismo vem de "protos", que em latim significa principal, o primeiro, e de "agonistes", que quer dizer lutador, competidor. Este termo, muito utilizado pelo teatro para definir o personagem principal de uma encenação, foi incorporado à Educação por Antonio Carlos Gomes da Costa, educador mineiro que vem desenvolvendo uma nova prática educativa com jovens.
"O protagonismo juvenil parte do pressuposto de que o que os adolescentes pensam, dizem e fazem pode transcender os limites do seu entorno pessoal e familiar e influir no curso dos acontecimentos da vida comunitária e social mais ampla. Em outras palavras, o protagonismo juvenil é uma forma de reconhecer que a participação dos adolescentes pode gerar mudanças decisivas na realidade social, ambiental, cultural e política onde estão inseridos. Nesse sentido, participar para o adolescente é envolver-se em processos de discussão, decisão, desenho e execução de ações, visando, através do seu envolvimento na solução de problemas reais, desenvolver o seu potencial criativo e a sua força transformadora. Assim, o protagonismo juvenil, tanto como um direito, é um dever dos adolescentes" (Costa,1996:65).

Proteico – adj. Biologia. Que faz referência a proteína; que pode ser constituído por proteína.

Protelar – v. Adiar

R

Recessão – s.f Período de baixo crescimento ou declínio da atividade produtiva e do mercado.

Recorrente – adj. Que recorre. Que torna a aparecer depois de haver desaparecido.

Recursos Estatísticos – Dados estatísticos disponíveis para serem usados em trabalhos, palestras com o intuito de se provar o que se fala.

Relevância – s.f. Particularidade do que é relevante, que possui importância.

Renda per Capita – Em latim, a expressão significa "por cabeça", e é calculada levando em consideração a soma da renda dos membros de um determinado local e dividindo pelo total de pessoas.

Ressaltar – v. Dar vulto ou relevo a alguma coisa; destacar; sobressair.

S

Sacar – v. Tirar para fora à força; retirar dinheiro de uma instituição.

Senso Comum – expressão que significa modo de pensar da maioria das pessoas; são noções comumente admitidas pelos indivíduos. Significa o conhecimento adquirido pelo homem partir de experiências, vivências e observação do mundo.

Sentido Investigativo – É uma expressão que significa "ter um olhar investigador". Surge quando o aluno se dispõe a buscar respostas para a problemática motivadora nos trabalhos.

Síntese – s.f. Resumo. Exposição geral e resumida de um projeto.

Stricto Sensu – As pós-graduações *stricto sensu* compreendem programas de mestrado e doutorado abertos a candidatos diplomados em cursos superiores de graduação, e que atendam às exigências das instituições de ensino e ao edital de seleção dos alunos. Ao final do curso obterão um diploma.

Subjetividade – s.f. Subjetividade é o que se passa no intimo do indivíduo. É como ele vê, sente, pensa a respeito de alguma coisa e que não segue um padrão, pois sofre influências da cultura, educação, religião e experiências adquiridas.

Sucessivamente – adv. Algo que continue, tenha continuidade, que se repita.

Sutil – adj. Que percebe facilmente as impressões.

T

Tamborilar – v.t. Tocar com os dedos ou com um objeto numa superfície imitando o rufo de um tambor.

Temor – s.m. Ato ou efeito de temer; receio, susto, medo, pavor, terror: viver no temor da miséria, da velhice, da morte.

Teor – s.m. Texto de uma escrita; norma; regra, proporção, num todo, duma substância determinada.

Ter a consciência – Reconhecer a própria realidade, fazendo julgamentos morais, tendo conhecimento, noção sobre si mesmo.

Trófico – Nível de nutrição a que pertence um indivíduo ou uma espécie, que indica a passagem de energia entre os seres vivos num ecossistema.

V

Veracidade – s.f a ação de ser verdadeiro

Vernácula – adj. Própria da região que existe. Linguagem pura. O idioma de um país.

Viável – adj. Algo realizável.

Vitimizar – neologismo (nova palavra) – Tornar-se vítima; fazer-se de vítima, de ofendida, de humilhada, de constrangida.

13. Siglas

ISBN – (International Standard Book Number) – Sistema padronizado que identifica numericamente os livros, conforme título, país, editora.

PISA – Pisa (Programme for International Student Assessment), programa de avaliação internacional de estudantes, em tradução livre para o Português.

Criado em 2000, o programa de avaliação tem como objetivo realizar uma comparação entre o desempenho de alunos em diversos países e é aplicada em estudantes de 15 anos de idade - faixa etária média do término da escolaridade básica obrigatória.

A avaliação, que é aplicada em 65 países a cada três anos, abrange três áreas do conhecimento: leitura, matemática e ciências. Em cada edição, porém, cada uma dessas áreas é priorizada. Em 2000, por exemplo, o foco foi em Leitura; em 2003, Matemática; e em 2006, Ciências. Em 2009, o Pisa iniciou um novo ciclo do programa, com o foco novamente recaindo sobre o domínio de Leitura, seguido por Matemática em 2012 e em 2015, Ciências.

OCDE – Organização de Cooperação e de Desenvolvimento Econômico. É uma organização internacional que promove políticas visando desenvolvimento e bem estar das pessoas.

PCN – Parâmetros Curriculares Nacionais são referências para os Ensinos Fundamental e Médio de todo o país. Eles garantem a todas as crianças e jovens brasileiros, mesmo em locais com condições socioeconômicas desfavoráveis, o direito de usufruir do conjunto de conhecimentos reconhecidos como necessários para o exercício da cidadania.

Referências

BUCKINGHAM, M; CLIFTON, D. O. *Descubra seus pontos fortes*. Rio de Janeiro: GMT Editores, 2008.

CARVALHO, A. V. *Treinamento Princípios, Métodos & Técnicas*. São Paulo: Pioneira, 2001.

CEREJA, W. R.; MAGALHÃES, T. C. *Português Linguagens*. São Paulo: Saraiva, 2013, vol. I-II.

COOPER, R. K. *Não tropece nas próprias pernas*. Rio de Janeiro: Elsevier, 2006.

DALBERIO, O.; DALBERIO, M. C. B. *Metodologia científica – Desafios e caminhos*. São Paulo: Paulus, 2011.

DUARTE, M. *O guia dos curiosos*. São Paulo: Panda, 2003.

FERREIRA, M. *Aprender e praticar gramática*. São Paulo: FTD, 2007.

GEIGER, P. *Novíssimo Aulete Dicionário Contemporâneo da Língua Portuguesa*. Rio de Janeiro: Lexicon, 2011.

MACKAY, I. *Aprendendo a perguntar*. Rio de Janeiro: Nobel, 2001.

MARCUSCHI, L. A. *Da fala para a escrita: atividades de retextualização*. 2ª ed. São Paulo: Cortez, 2001.

MARTINS, E. *Manual de redação e estilo*. São Paulo: Moderna, 2014.

MCKENNA, C. *Como se comunicar com sucesso*. São Paulo: Market Books do Brasil, 2002.

MUNFORD, A. *Aprendendo a aprender*. Rio de Janeiro: Nobel, 1995.

PESSÔA, Ana Carolina Rocha; TUZZO, Simone Antoniacci (Org.). *Mídia cidadania e poder*, 2011.

PILETTI, N. *Psicologia educacional*. São Paulo: Ática, 2000.

SCHWARTZ, Gilson. *Brinco, logo aprendo*. São Paulo: Paulus, 2014.

SILVA, D. *A vida íntima das palavras*. São Paulo: Arx, 2002.

ZENGER, J. H.; FOLKMAN, J. *Desenvolva sua capacidade de Liderança*. Rio de Janeiro: GMT, 2008.

WEIL, P.; TOMPAKOW, R. *O corpo fala*. Petrópolis: Vozes, 1986.

Documentos eletrônicos

BIO MANIA. Heterotrófico. Disponível em: <www.biomania.com.br/>. Acesso em 6 set. 2014.

CATHO. Gerúndio e gerundismo. Disponível em: <http://www.catho.com.br/carreira-sucesso/sem-categoria/gerundio-e-gerundismo>. Acesso em: 29 set. 2014.

CÍRCULO FOLHA UOL: Fontes. Disponível em: <http://www1.folha.uol.com.br/folha/circulo/manual_texto_c.htm>. Acesso em: 27 set. 2014.

CONCORDÂNCIA VERBAL E NOMINAL. Disponível em: <http://www.brasilescola.com/gramatica/concordancia-verbal-nominal.htm>. Acesso em: 26 set. 2015.

EXAME ABRIL. Gerundismo e Gerúndio. Disponível em: <http://exame.abril.com.br/carreira/noticias/como-usar-o-gerundio-corretamente-sem-virar-gerundismo>. Acesso em: 28 set. 2014.

FUNDAÇÃO TELEFÔNICA. Protagonismo Juvenil. Disponível em: <http://www.promenino.org.br/servicos/biblioteca/o-que-e-protagonismo-juvenil>. Acesso em: 29 set. 2014.

INFOESCOLA. Cadeia Alimentar. Disponível em: <http://www.infoescola.com/biologia/cadeia-alimentar/>. Acesso em: 29 set. 2014.

MICHAELIS UOL. <http://michaelis.uol.com.br/>. Acesso em: 28 set. 2014.

MINISTÉRIO DA EDUCAÇÃO: PCN. Disponível em: <http://portal.mec.gov.br/>. Acesso em: 29 set. 2014.

MUNDO EDUCAÇÃO. Gerundismo e Gerúndio. Disponível em: <http://www.mundovestibular.com.br/articles/412/1/O-GERUNDISMO-E-GERUNDIO/Paacutegina1.html>. Acesso em: 28 set. 2014.

ORGANIZAÇÃO DAS NAÇÕES UNIDAS PARA A ALIMENTAÇÃO E AGRICULTURA: Desperdício de Alimentos. Disponível em: <https://www.fao.org.br/daccatb.asp>. Acesso em: 29 set. 2014.

PENSAMENTOS: Textos. Disponível em: <http://www.recantodasletras.com.br/pensamentos>. Acesso em: 26 set. 2015.

PENSAR ENLOUQUECE: Tiras de Calvin e Haroldo. Disponível em: <http://pensarenlouquece.com/as-mais-belas-tiras-de-calvin-e-haroldo/>. Acesso em: 29 set. 2014.

PESQUISA DE CAMPO: A pesquisa de Campo e o período de coleta de dados. Disponível em: <http://www.abntouvancouver.com.br/2015/08/a-pesquisa-de-campo-e-o-periodo-da.html>. Acesso em: 26 set. 2015.

PUCRS. <http://www.pucrs.br/manualred/faq/anivelde.php>.

SIGNIFICADOS. Cadeia Alimentar. Disponível em: <http://www.significados.com.br/cadeia-alimentar/>. Acesso em: 29 set. 14.

SO BIOLOGIA. Cadeia Alimentar. Disponível em: <http://www.sobiologia.com.br/conteudos/Ecologia/Cadeiaalimentar.php>. Acesso em: 29 set. 2014.

VIOMUNDO. O que você não vê na mídia. Disponível em: <http://www.viomundo.com.br/voce-escreve/bombeiros-em-sao-paulo-e-proibido-o-uso-de-fogos-em-ambientes-fechados.html>. Acesso em: 26 set. 2015.